Dale Carnegie

Cómo ser
un buen líder

EDICIONES OBELISCO

Si este libro le ha interesado y desea que le mantengamos informado
de nuestras publicaciones, escríbanos indicándonos qué temas son de su interés
(Astrología, Autoayuda, Ciencias Ocultas, Artes Marciales, Naturismo,
Espiritualidad, Tradición...) y gustosamente le complaceremos.

Puede consultar nuestro catálogo en www.edicionesobelisco.com

Colección Éxito
CÓMO SER UN BUEN LÍDER
Dale Carnegie

1.ª edición: octubre de 2011

Título original: *Enhance your Life by Becoming an Effective Leader*
Traducción: *Ainhoa Pawlowsky*
Corrección: *Mª. Ángeles Olivera*
Diseño de cubierta: *Enrique Iborra*

© Dale Carnegie Associates
Exclusive worldwide rights in all languages licensed exclusively
by JMW Group Inc., Larchmont, New York, USA.
TM Owned by Dale Carrengie Associates.
(Reservados todos los derechos)
© 2011, Ediciones Obelisco, S. L.
(Reservados los derechos para la presente edición)

Edita: Ediciones Obelisco, S. L.
Pere IV, 78 (Edif. Pedro IV) 3.ª planta, 5.ª puerta
08005 Barcelona - España
Tel. 93 309 85 25 - Fax 93 309 85 23
E-mail: info@edicionesobelisco.com

Paracas, 59 C1275AFA Buenos Aires - Argentina
Tel. (541-14) 305 06 33 - Fax: (541-14) 304 78 20

ISBN: 978-84-9777-782-7
Depósito Legal: B-28.720-2011

Printed in Spain

Impreso en España en los talleres gráficos de Romanyà/Valls, S.A.
Verdaguer, 1 - 08786 Capellades (Barcelona)

Prólogo

¿Los buenos directivos están más preocupados por lograr los objetivos establecidos o por liderar a los trabajadores que supervisan? Los buenos directivos saben que, a fin de lograr estas metas, deben ser verdaderos líderes que guíen, motiven, instruyan y se preocupen por sus socios. El objetivo de todos aquellos que aspiran a triunfar en su trabajo debería ser equilibrar las habilidades entre liderazgo y dirección.

Es importante examinar el equilibrio entre lo que nosotros hacemos y lo que mandamos hacer a los demás. ¿Cómo podemos identificar y aprovechar nuestro estilo de liderazgo para actuar lo mejor posible a fin de lograr los mejores resultados para nosotros y nuestra empresa?

Nuestra manera de ver a los demás y las suposiciones que nos hacemos sobre las personas y el mundo que nos rodea configuran nuestra realidad y el entorno en el que trabajamos. En este libro vamos a examinar las lecciones que hemos aprendido sobre liderazgo y las creencias que nos formamos a raíz de estas experiencias.

El papel cambiante de un directivo/líder

El mundo está en constante cambio y requiere que aquellas personas en posiciones de liderazgo y dirección asuman papeles y responsabilidades cambiantes todo el tiempo. Tanto si vivimos en Europa, en África, en América o en países de la costa del Pacífico, la competencia exige continuamente que hallemos maneras mejores, más eficaces, más productivas y más provechosas de fabricar productos y proporcionar servicios. Estas exigencias no se limitan a nuestra competencia. Las expectativas de nuestros trabajadores, nuestros clientes internos y externos, nuestros proveedores, distribuidores y socios están aumentando. Para seguir siendo competitivos en este cambiante mundo actual, debemos conducir nuestras organizaciones a través de las procelosas aguas del siglo XXI.

Crear y compartir una visión

Debemos ser creativos, crear una visión compartida y comunicarla eficazmente a nuestros compañeros de trabajo. Debemos alentar a nuestros trabajadores a salir de la casilla creada por las descripciones laborales y el enfoque minimalista hacia el mundo laboral para que nuestras empresas crezcan y prosperen en el mundo actual. Es crucial contratar y cultivar personas que sean capaces de contribuir a que nuestra empresa avance al siguiente nivel. No podremos hacerlo solos ni nuestros trabajadores podrán ayudarnos a menos que primero identifiquemos nuestros objetivos y determinemos y comuniquemos una visión clara a nuestros asociados. En cuanto creamos una visión compartida y la diseminamos por toda la empresa, el fortalecido comportamiento resultante nos catapulta al siguiente nivel. Las personas dejan de considerar que su papel está orientado a la tarea y, en su lugar, lo ven orientado a los resultados. Ver claramente los resultados nos inspira a nosotros y a nuestros trabajadores a asumir riesgos y responsabilidades. El liderazgo empieza con el encuentro de su propio equilibrio dentro de la empresa. Los resultados claramente enfocados permiten a las personas administrarse mejor y manejar los recursos sin necesidad de ayuda de sus superiores.

Una visión compartida fomenta el comportamiento fortalecido, pero no es posible a menos que ésta se comunique claramente a toda la empresa. Una comunicación eficaz es la habilidad fundamental para construir equipos efectivos, crear un objetivo unificado y llevar a nuestra empresa al siguiente nivel.

Encontrar un equilibrio entre trabajadores y procedimientos

Cuando se pide a los altos ejecutivos que identifiquen las características de personalidad más significativas necesarias para dirigir, la mayoría responde: «la capacidad de trabajar en equipo». Los líderes reconocen la importancia de la producción, la distribución, la ingeniería, las ventas, la investigación y el desarrollo, y tienen métodos de dirección para organizar, dirigir y controlar las actividades de cada área. Sin embargo, cuando llega el momento de tomar decisiones importantes, quienes las llevan a cabo son personas. El mayor gasto operativo de cualquier presupuesto son los trabajadores. La planificación, ya sea funcional o estratégica, se elabora y se lleva a cabo en torno a las personas. El recurso más valioso que tiene una empresa son sus empleados. De hecho, la mayoría de ejecutivos pasan aproximadamente tres cuartas partes del día laboral tratando con personas. Ello significa que creamos el sistema de gestión con el que funciona nuestra empresa y continuamente hacemos demostraciones de liderazgo que permiten que estos sistemas alcancen sus objetivos.

Una de las principales razones por las que las personas ascienden a puestos de dirección y liderazgo es porque realizaron su trabajo de manera eficaz. Ahora, como gerentes, la tarea consiste en lograr que los demás sean capaces de obrar tan bien o mejor de lo que nosotros lo hicimos. Este trabajo requiere un conjunto de habilidades completamente distinto. Nuestro éxito requiere que hagamos la transición de cumplir a liderar, para poder sacar partido de nuestras habilidades y nuestro tiempo.

Para ser buenos directivos debemos mantener un equilibrio entre los trabajadores y los procedimientos. Si estamos demasiado centrados en los trabajadores significa que si una persona importante se va de la empresa, todo se detiene. Si estamos demasiado centrados en los procedimientos significa que hay importantes sistemas en funcionamiento, pero nadie los entiende ni quiere trabajar en ellos.

Los gerentes centrados en los procedimientos dicen: «Aquí está el plan y así es como hacemos las cosas». Los directivos centrados en los trabajadores dicen: «Vamos a debatir el plan y el porqué de cómo hacemos las cosas». Con un equilibrio correcto, la productividad y el compromiso se mantienen en sus niveles más elevados.

Equilibrar la motivación y la responsabilidad

Sin motivación no se consigue nada pero, tan pronto intentamos que las personas se responsabilicen, pierden la motivación, ¿verdad? ¡No necesariamente! Existen herramientas para que las personas se responsabilicen de sus metas, objetivos y compromisos y permanezcan motivadas al mismo tiempo. Con este equilibrio tenemos más control sobre nuestros resultados y los de nuestro equipo.

Hoy en día, más que nunca, la tarea de un directivo consiste en formar personas. Cuando podemos crear un entorno en el que las personas consiguen resultados, desarrollan nuevas habilidades y triunfan, estamos cumpliendo nuestra mayor vocación como directivos y líderes de personas. La máxima prioridad de un líder es comunicarse con firmeza y sensibilidad e instruir y preparar personas.

Hacerse cargo de los conflictos y la negatividad

Independientemente de lo que hagamos, siempre habrá problemas con las personas negativas y la gestión de las funciones. Nuestros resultados y los de nuestro equipo dependen de cómo se manejan estas situaciones. La imparcialidad, la coherencia y la fortaleza son necesarias en los lugares adecuados, en los momentos oportunos y del modo correcto. Sin estas cualidades puede disminuir la moralidad de todos, afectando así la productividad y la lealtad del cliente y del empleado, requisitos indispensables en el actual mundo laboral sumamente competitivo.

En este libro abordaremos estos y otros problemas con los que se enfrentan los líderes y proporcionaremos enfoques que nos permitirán a nosotros y a nuestros asociados mejorar la productividad y, al mismo tiempo, desarrollar habilidades, actitudes y capacidades que nos ayudarán a evolucionar en nuestros trabajos.

A fin de que el lector saque el máximo provecho de este libro, es aconsejable que primero lo lea todo para comprender el concepto global de cómo emplear nuestro papel de líder. Entonces, debe releer cada capítulo y empezar a aplicar las directrices para lograr cada una de las áreas comprendidas.

ARTHUR R. PELL

Doctor en filosofía y editor

Capítulo 1

No dirigir; liderar

Peter Drucker, uno de los grandes pensadores y escritores sobre la dirección de empresas, escribió: «La mayor parte de lo que llamamos dirección consiste en dificultar que los trabajadores terminen sus tareas».

¿Qué es lo que hacen los directivos que incitó a Druker a escribir eso? Muchas personas que se hallan en un puesto de directivo o supervisor tratan a sus trabajadores como si fueran autómatas, esperando que sigan los procedimientos a rajatabla y no utilicen su propia iniciativa, creatividad y mente cuando trabajan. Están tan preocupados por seguir las normas, las regulaciones, los procedimientos y las rutinas que pasan por alto el potencial que puede tener todo ser humano que trabaja bajo su supervisión.

Los directivos que realmente lideran a sus trabajadores en lugar de dirigir su trabajo, no sólo obtienen mejores resultados para su empresa, sino que también desarrollan equipos de personas comprometidas a trabajar para triunfar en todos los aspectos de sus cometidos y sus vidas.

ↄ

¿Sabe el lector cuál es la característica más importante que puede tener un líder? No es la capacidad ejecutiva, no es una gran mentalidad, no es la amabilidad, ni el coraje, ni el sentido del humor, a pesar de que estos rasgos

son de tremenda importancia. Es la capacidad de hacer amigos la que, en pocas palabras, supone la capacidad de ver lo mejor de los demás.

Dale Carnegie

ↄ

Los líderes obedecen

El verdadero líder sirve a sus trabajadores, no al revés. La típica figura geométrica que asociamos a la mayoría de empresas es el triángulo. En la cima está el jefe, que da órdenes a la directiva intermedia, ésta da órdenes a los supervisores y éstos, a su vez, dan órdenes a los trabajadores. En la parte inferior del triángulo se hallan los clientes, que esperamos que estén satisfechos con lo que les proporcionamos.

El objetivo de cada división es servir a la división superior. En el enfoque tradicional, los trabajadores sirven a sus supervisores, los supervisores a sus directivos y todos, finalmente, al gran jefe. El cliente, en la parte inferior, prácticamente se ignora. Debería invertirse el triángulo. La directiva del nivel más alto debería servir a los gerentes intermedios, que a su vez sirven a sus supervisores, que están para servir a los trabajadores, y todos obedecen al cliente.

Los líderes sirven a sus empleados

J. Willard Marriott, el empresario de hoteles, lo resumió brevemente: «Mi trabajo consiste en motivar a mis trabajadores, enseñarles, ayudarlos y preocuparme por ellos». Conviene reparar en este último aspecto: *preocuparse* por *ellos*. Los buenos líderes realmente se preocupan por sus trabajadores. Aprenden tanto como pueden acerca de sus destrezas y sus limitaciones, sus gustos y aversiones, su manera de actuar y reaccionar. Dedican tiempo a trabajar con ellos, a proporcionarles los recursos, los instrumentos y los conocimientos para realizar sus tareas de manera eficaz. No se entrometen en su camino preocupándose por poner todos los puntos sobre las íes.

En las encuestas llevadas a cabo sobre lo que las personas buscan de un jefe, casi siempre el aspecto más nombrado ha sido *un jefe que sea atento*. Se trata de un jefe al que el trabajador pueda acudir con una pregunta y no temer que piense que es estúpido, un jefe en el que uno pueda confiar para que le proporcione información, formación e indicaciones en lugar de exigirle, darle órdenes y mandar. Se trata de un jefe que ayuda a desarrollar el potencial de las personas, y que no se limita a utilizarlas simplemente como medios para realizar tareas.

Empoderar a nuestros trabajadores

Los verdaderos líderes «empoderan» a sus trabajadores. Esta palabra se ha convertido en una moda pasajera en el mundo directivo actual, pero tales términos a menudo expresan, precisamente, un concepto aceptado hoy en día. Deriva de un término legal que significa transferir ciertos derechos legales de una persona a otra. En el lenguaje directivo actual, sin embargo, se utiliza en un sentido más amplio: para compartir parte de la autoridad y el control que tiene un directivo con las personas a las que dirige. En lugar de ser el gerente quien toma cada decisión sobre cómo debe realizarse una tarea, las personas que la llevarán a cabo también participan en ello. Cuando los individuos pueden dar su opinión en lo que se refiere a estas resoluciones, no sólo obtenemos una información más variada sobre cómo realizar una tarea, sino que, dado que han participado, los trabajadores se comprometen más para que salga bien.

Dirigir versus liderar

Dirigir enfatiza el aspecto de que las personas siguen órdenes, a menudo sin cuestionarlas. «Así es como va a hacerse». Liderar fomenta la creatividad de las personas al pedirles sus ideas tanto informalmente en los contactos del día a día, como a nivel formal en reuniones, en un espacio de sugerencias y en actividades similares. Dirigir es decir a los trabajadores aquello de lo que deben responsabilizarse. Liderar empodera a los trabajadores, dándoles los instrumentos para tomar sus propias decisiones dentro de las directrices aceptables para todas las partes implicadas.

Dirigir está más relacionado con el seguimiento, la explicación y el cumplimiento de las normas y las reglas. Liderar motiva a las personas y las enseña cómo realizar su tarea. Si no resulta como se espera, se hacen esfuerzos para mejorar el rendimiento con más y mejor formación. Ayudar a los trabajadores a aprender es la herramienta clave para tener un rendimiento de calidad.

Dirigir concentra los esfuerzos en *cómo hacer las cosas correctamente*; liderar enfatiza *hacer lo correcto*. Hay momentos en los que es necesario dirigir, por ejemplo, cuando por motivos legales o similares es crucial que las cosas se ciñan a las normas.

Por supuesto, las personas en cargos directivos deben asegurarse de que las tareas se realizan correctamente. Pero ésta no es su tarea principal. Hacer cumplir las normas puede ser necesario en tales circunstancias, pero es más importante formar y motivar a los trabajadores para que sean competentes y deseen hacerlo lo mejor posible a fin de lograr los objetivos del departamento y de la empresa. El epítome del verdadero liderazgo es conseguir esto con los propios trabajadores.

Jefes buenos — jefes malos

Harry era de ese tipo de jefes a los que les gusta ser populares. Creía que era un buen jefe porque caía bien a todos los de su departamento. Como no quería alterar esta popularidad, vacilaba a la hora hacer cumplir las normas o al corregir los errores poco importantes del trabajo. Cuando era necesario echar reprimendas, lo dilataba durante tanto tiempo que normalmente olvidaba el motivo de la represión. Sin embargo, los elogios eran tan habituales que habían perdido su relevancia.

Teresa era severa. Creía que uno tenía que ir con látigo para lograr que se terminaran las tareas. Era brusca, dogmática y su expresión favorita era: «Yo soy la jefa. Se te paga por trabajar, así que mejor trabajas o te vas». Raras veces elogiaba a sus trabajadores y normalmente los chillaba delante de todo el departamento.

Tanto Harry como Teresa tenían serios problemas porque ninguno de estos extremos funciona realmente. Observemos qué ocurrió en cada una de estas áreas.

Jefes poco exigentes

Cuando un jefe no controla su departamento, el trabajo se ve afectado. Los horarios de producción no se cumplen, la calidad disminuye, las personas se aprovechan de esta indulgencia y absentismo, aumenta su tardanza y las actitudes generales empeoran. Los empleados de Harry sienten que no tienen un líder y abusan de él.

¿Por qué un jefe se volvería tan indulgente y poco exigente hasta el punto de que lo padezca el departamento? A menudo puede deberse a un sentimiento de inseguridad de la propia capacidad. Las personas inseguras necesitan la aprobación de los demás para reforzar su propio ego. Estos individuos quieren ser populares, «ser del grupo». Creen que siendo indulgentes con sus subordinados se ganarán su aprobación.

Cuando el jefe de Harry descubre que el departamento se está retrasando, le atribuye a él la responsabilidad. Ahora Harry se pone nervioso y sabe que tiene que invertir esta situación rápidamente. Una reacción natural es cambiar radicalmente de postura. Empieza a ser severo y exigente. Critica a sus trabajadores, a menudo gritándoles. Empieza a reprender a sus empleados por cualquier mínima violación de las normas y los castiga por asuntos que hace apenas una semana había ignorado. Esta actitud genera resentimiento e incertidumbre entre sus trabajadores. Tal vez el trabajo se acelere durante un tiempo, pero como la naturaleza de la personalidad de Harry es opuesta a estas acciones, una vez se arreglen las cosas volverá a ser él.

Los cambios frecuentes en el estilo directivo son más desmoralizadores que ceñirse a uno solo, ya sea bueno o malo. Nuestros trabajadores no pueden anticipar cómo nos comportaremos. Esta incertidumbre lleva a los trabajadores a tener la moral baja y a que dejen sus empleos fácilmente.

La causa de la actitud poco exigente de Harry surge de su propio sentimiento de inseguridad. Tiene que fortalecer la confianza en sí mismo. Una manera de lograrlo es hacerse experto del trabajo que hace. Cuando una persona tiene un conocimiento meticuloso del trabajo, tiene una sensación de seguridad que le permite tener confianza en todos los asuntos pertenecientes al trabajo. También debería aprender más sobre las relaciones humanas y aplicar a su trabajo lo que ha aprendido.

Los supervisores severos

Teresa tiene un problema similar. A pesar de que su estilo difiera bastante del de Harry, sus resultados son muy parecidos. Genera resentimiento entre sus trabajadores y, consciente o subconscientemente, se niegan a cooperar. Las pruebas más habituales de esta falta de cooperación son una producción más baja, una mayor rotación de personal, más absentismo y quejas y una moral baja generalizada.

La causa de un abordaje severo, al igual que el indulgente, es la inseguridad. Sin embargo, la actitud «deseosa de complacer» se reemplaza por unos modales bruscos y una apariencia autoritaria. Es más difícil que los líderes severos cambien, probablemente porque tienen arraigada la opinión de que su manera de actuar es la única. La testarudez es una parte esencial de su patrón de comportamiento.

Nuevamente la solución requiere un buen conocimiento de las relaciones humanas. El supervisor debe aprender a elogiar con más frecuencia y a reprobar de manera efectiva sin causar resentimiento ni rencor. Teresa debe aprender a atenuar su conducta y habla, a evitar las discusiones y a trabajar más amablemente con sus compañeros de trabajo y empleados.

El mejor supervisor

El estilo de supervisión más eficaz se halla entre estos dos extremos. Se basa en la comprensión de la conducta humana y en aplicar este conocimiento cuando trabaja con personas bajo su jurisdicción. Elogia a los trabajadores por su buen trabajo, pero no lanza elogios a la ligera. Harry exageró el uso de elogios hasta el punto de que ninguno de sus trabajadores sintió que apreciara su buen trabajo. Teresa nunca elogiaba a sus trabajadores, de manera que creían que no tenía sentido hacer un buen trabajo.

Las reprimendas, cuando son necesarias, deben hacerse en privado y con tranquilidad. Nunca debe alzarse el tono de voz y siempre se le debe dar al empleado la oportunidad de explicar su propia versión de la historia. Debemos escuchar con atención y no interrumpir; hacer críticas constructivas y ser tan específicos como sea posible.

No es aconsejable reprender a los empleados cuando estamos enfadados. No debemos enfrascarnos en una discusión. Debemos evitar el sarcasmo y las críticas y centrarnos en los problemas. Cabe recordar que el objetivo de una reprimenda es corregir un error. Un buen directivo no quiere crear resentimiento y agravar el error. Siempre debe centrarse más en el *qué* que en el *quién*. En el capítulo 9 hablaremos de cómo reprobar los errores de manera eficaz.

Los buenos líderes no son joviales, insípidos, ni tiranos. Sus subordinados no los ignoran ni los temen. Los supervisores hábiles tienen confianza en sí mismos y también el respeto de sus trabajadores.

He aquí una comparación sencilla entre la manera en que un jefe dirige y un líder lidera:

El jefe	El líder
Dirige a las personas	Guía a las personas
Infunde miedo	Inspira entusiasmo
Dice: «Haz»	Dice: «Hagamos»
Hace que el trabajo sea pesado	Hace que el trabajo sea interesante
Se apoya en la autoridad	Se apoya en la cooperación
Dice: «Yo», «yo», «yo»	Dice: «Nosotros»

Mitos e ideas falsas

Los mitos y las ideas falsas que han dominado el pensamiento de las personas durante años o vidas son difíciles de vencer. Como jefes, sin embargo, debemos destruirlos si queremos ser capaces de avanzar.

Algunas personas son reacias a adoptar papeles de liderazgo. Para ello creen que deberían tener ciertos rasgos innatos de liderazgo como el carisma, o esa personalidad intangible que les daría poder para influir en los demás.

Es cierto que algunos de los mejores líderes mundiales nacieron con estas características; tenían ese encanto especial que extasiaba al público. Pero fueron excepciones. La mayoría de los líderes triunfadores son hombres y mujeres comunes que se han esforzado mucho para llegar a ser lo que son. La supervisión de personas es más fácil si tenemos talentos naturales, pero no son requisitos esenciales. Sin duda, cada uno de nosotros podemos adquirir las habilidades necesarias para dirigir y liderar personas.

El liderazgo es un arte que puede adquirirse. Con poco esfuerzo cualquier persona que lo desee puede aprender a guiar a los individuos disponiendo de su respeto, confianza y absoluta cooperación.

A muchos directivos les gusta llamarse «profesionales» pero, ¿realmente la dirección es una profesión? Los profesionales de otros ámbitos (como los médicos, los abogados, los psicólogos y los ingenieros) deben realizar unos estudios avanzados y aprobar exámenes para obtener su certificado. Para ser directivo no existen tales requisitos. Algunos directivos pueden haber recibido una educación especial en administración de empresas, pero la mayoría son trabajadores que ascienden y tienen muy poca o ninguna formación en dirección. La mayoría de directivos aprenden principalmente en el trabajo.

Cada vez más directivos de éxito están haciendo el esfuerzo de conseguir habilidades a través de cursos formales, pero la mayoría todavía adquieren sus técnicas mediante la observación de sus jefes. El modelo que siguen puede ser bueno. En demasiadas ocasiones, sin embargo, los nuevos directivos se exponen a las filosofías anticuadas e inválidas de sus jefes.

El liderazgo es un arte que se puede adquirir. Podemos aprender a guiar a las personas disponiendo de su respeto, confianza y absoluta cooperación.

Algunas de las ideas que hay a continuación han sido válidas en el pasado pero ya no resultan eficaces; otras nunca lo fueron. He aquí algunos de los muchos mitos e ideas falsas sobre la gerencia:

Dirigir no es más que usar el sentido común
Al preguntarle a un gerente sobre su formación cuando empezó en dirección, respondió:

«Cuando conseguí mi primer empleo como directivo, le pedí varios consejos a un directivo veterano sobre cómo tratar con las personas que están a mis órdenes. Me dijo: "Usa el sentido común y no tendrás ningún problema"».

¿Qué es exactamente el «sentido común»? Lo que puede ser sensato para una persona puede no serlo para otra. Por lo general, la definición de sentido común varía en cada cultura. En Japón, por ejemplo, se considera que es de «sentido común» tener el consenso de todos antes de tomar cualquier decisión; en Estados Unidos esta técnica normalmente se considera ineficaz y una pérdida de tiempo.

Las costumbres culturales no son la única causa de las ideas dispares sobre lo que constituye el sentido común. Distintas personas tienen diferentes perspectivas sobre lo que es bueno y malo, eficaz e ineficaz y sobre lo que funcionará y lo que no.

Tendemos a basarnos en nuestras experiencias para desarrollar nuestros propios estilos de sentido común. El problema es que la experiencia individual de una persona únicamente proporciona una perspectiva limitada. Pese a que aquello que pensamos que es de sentido común se origina de nuestra propia experiencia, la experiencia de un individuo nunca es suficiente para proporcionar más que perspectivas limitadas. El liderazgo implica mucho más que la experiencia que haya tenido un individuo. Para ser verdaderos líderes debemos mirar más allá del sentido común.

No confiaríamos únicamente en el sentido común para hacer frente a problemas financieros o de manufacturación. Llamaríamos al mejor experto de estas áreas para que nos diera consejos e información. ¿Por qué, entonces, deberíamos recurrir a un fundamento menos pragmático para solucionar problemas de relaciones humanas?

Podemos aprender mucho sobre el arte y la ciencia de la dirección si leemos libros relacionados con la industria y revistas del campo, asistimos a cursos y seminarios y participamos activamente en asociaciones industriales.

Los directivos lo saben todo

Los directivos no lo saben todo. Nadie lo sabe. Debemos aceptar que no tenemos todas las respuestas, aunque debemos saber que necesitamos tener las habilidades para conseguirlas. Una manera eficaz de lograrlo es contactar con personas de otras empresas que se hayan encontrado en situaciones similares. Podemos aprender mucho de ellas. Contactar con personas de otras empresas para que nos proporcionen indicaciones, ideas y estrategias para solucionar problemas nos permite acceder a ellas cuando necesitamos nueva información e ideas y nos proporcionan una fuente valiosa de ayuda para solucionar nuestros problemas.

ॐ

¿Acaso uno no tiene mucha más fe en las ideas que descubre él mismo que en las que le son transmitidas? Si es así, ¿no es una equivocación hacer tragar sus ideas a los demás? ¿No sería más sabio hacer propuestas y dejar que los demás saquen sus propias conclusiones?

Dale Carnegie

ॐ

Si no te gusta, ya sabes dónde está la puerta

Dirigir a base de infundir miedo todavía es una práctica habitual. Y a veces funciona. Las personas trabajan cuando temen que pueden perder su empleo, pero ¿cuánto trabajo realizan? La respuesta es: «justo el suficiente para evitar que las despidan». Ésta es la razón por la que esta técnica no se considera una buena manera de supervisar. Dirigir con éxito implica conseguir la voluntad de colaboración de nuestros asociados.

Además, no resulta fácil despedir a las personas. Teniendo en cuenta las implicaciones de las leyes de derechos civiles y los sindicatos –y en muchos casos la dificultad y los costos asociados a la contratación de sustitutos competentes– despedir a los trabajadores puede causar más problemas que conservar a aquellos con los que no estamos satisfechos.

No podemos conservar durante mucho tiempo a los buenos trabajadores si dirigimos a base de infundir miedo. Cuando escasean los empleos en nuestra comunidad o empresa, los trabajadores tal vez toleren jefes injustos y arbitrarios. Pero cuando mejora el mercado laboral, los trabajadores más cualificados se irán a empresas con ambientes de trabajo más agradables. La rotación de personal puede ser costosa y, muchas veces, devastadora.

Alabar es mimar a los empleados

Algunos directivos temen que si alaban el trabajo de un miembro del equipo, esta persona esté satisfecha de sí misma y deje de intentar mejorar (sin duda, algunos individuos reaccionan así). El principal objetivo es formular nuestros elogios de modo que animen al trabajador a seguir haciendo un buen trabajo.

A otros directivos les preocupa que al elogiar a los trabajadores por su buen trabajo, éstos esperen aumentos de sueldo o bonificaciones. Y en algunos casos tal vez sea así. Pero no es motivo para callarse los elogios cuando están justificados. Los trabajadores deberían saber cómo se determinan los ajustes de sueldo, bonificaciones y otras recompensas económicas. Si en las evaluaciones anuales sobre el rendimiento se vuelven a negociar las remuneraciones, debería garantizarse a los miembros del equipo que el buen trabajo por el que los elogian se tendrá en cuenta en la evaluación.

Algunos gerentes consideran que los elogios son irrelevantes. Un jefe de sección explicó: «Los empleados que superviso saben que lo están haciendo bien si no hablo con ellos. Si tengo que hablarles, saben que están en problemas». No hacer comentarios más que para regañar tampoco es eficaz. Debemos recordar que queremos usar el refuerzo positivo, no el negativo.

Por supuesto, uno puede elogiar de manera exagerada. Si se alaba repetidamente a las personas por cada logro trivial, el valor del elogio se reduce hasta el punto de convertirse en algo banal. Además, los trabajadores improductivos pueden creer que lo están haciendo genial si se les elogia excesivamente. En el capítulo 3 hablaremos de técnicas sobre el buen uso de los elogios.

 confiar

Alabemos la menor mejora. Esta actitud inspira a la otra persona a seguir mejorando.

Dale Carnegie

ca

Usar excesivamente el látigo

Sin duda, algunos directivos todavía actúan como si fueran amos de esclavos. Cada año, James Miller, consultor de dirección y autor de *The Corporate Coach,* celebra un concurso para el mejor y el peor jefe del año.

Los empleados hacen la nominación. Miller explica que se consiguen muchas más nominaciones para los peores jefes que para los mejores. Describió que una de las principales razones por las que a los empleados no les agradan sus jefes se debe a que éstos continuamente buscan los defectos de sus subordinados, son sarcásticos, se regodean con sus fracasos y con frecuencia gritan a los empleados.

¿Por qué las personas se comportan de este modo? Algunos individuos siempre han recibido gritos –de sus padres, profesores y ex jefes– de manera que asumen que es un eficaz instrumento de comunicación.

Todos alzamos el tono de voz en algunas ocasiones, especialmente cuando estamos estresados. A veces es necesaria mucha disciplina para no gritar. Los buenos líderes, sin embargo, saben controlar esta tendencia. Un descuido ocasional no es un problema, pero cuando gritar se convierte en nuestra forma habitual de comunicarnos, debemos admitir nuestro fracaso como verdaderos líderes. No podemos conseguir la voluntad de colaboración de nuestros asociados si les gritamos.

Aplicar la regla de platino

Cuando tratamos con personas, la regla de oro bíblica: «Trata a los demás como quieres que te traten a ti mismo» es un buen consejo, pero sólo hasta cierto punto. No todas las personas son iguales; tratar a los demás como nos gustaría que nos trataran no es lo mismo que tratarlos como desean ser tratados.

Por ejemplo, Linda prefiere que le den objetivos amplios y le gusta elaborar los detalles de su trabajo por su propia cuenta. Pero a su asistente, Jason, no le gusta que le den una tarea si no le especifican todos los detalles. Si Linda relega las tareas a su asistente del modo que a ella le gusta, no obtendrá los mejores resultados.

Sol necesita refuerzos continuamente. Sólo está contento con su trabajo cuando su jefa lo supervisa y le asegura que está haciéndolo bien. Tanya, sin embargo, se molesta cuando su jefa revisa su trabajo con demasiada frecuencia.

«¿Acaso no confía en mí? –se queja».

No podemos tratar a Tanya igual que a Sol y obtener buenos resultados de ambos.

Cada uno de nosotros tenemos nuestro propio estilo, enfoque y excentricidades. «Tratar a los demás» como nos gustaría que nos trataran a nosotros puede ser la peor manera de dirigir.

Para ser buenos directivos debemos conocer a cada miembro de nuestro equipo y elaborar nuestro método de dirección para cada uno de ellos. Más que seguir la regla de oro, debemos seguir la regla de platino: *trata a los demás como ellos quisieran que los trataras.*

Por supuesto, deben hacerse algunos arreglos. En algunas situaciones puede ser necesario realizar el trabajo de manera que no sea ideal para algunas personas. Si sabemos de antemano lo que es necesario realizar, podemos anticipar los problemas y preparar a nuestros asociados para que acepten sus tareas.

Los líderes deben rendir más de lo óptimo

La producción, el rendimiento y los beneficios son aspectos importantes de nuestro trabajo como directivos, pero ¿es todo lo que debemos considerar? Sin duda, para que sobreviva un negocio, éste debe dar resultados. No obstante, es igualmente importante la promoción de sus empleados. Si ignoramos el potencial de los trabajadores, limitamos la capacidad de nuestro equipo para lograr resultados, y en su lugar cosechamos beneficios a corto plazo a expensas del éxito a largo plazo e incluso de la supervivencia.

Cuando Eliot fundó su empresa de componentes informáticos era pionero de lo que entonces era una industria nueva y en crecimiento. Resuelto a ser un líder de su campo, dirigió a sus empleados para mantener altos niveles de productividad y estuvo pendiente sobre todo de los beneficios. Sin embargo, no prestó atención a la promoción de sus empleados. Sus trabajadores técnicos y administrativos apenas tuvieron la oportunidad de contribuir con ideas o de poner en práctica su propia iniciativa en sus proyectos. A lo largo de los años, la empresa de Eliot obtuvo bastantes beneficios, pero nunca creció lo suficiente para convertirse en una industria líder como había esperado. Dado que había reprimido el potencial y la ambición de sus empleados, perdió a muchos de sus trabajadores técnicos, que se fueron a otras empresas. Y, como confiaba únicamente en sus propias ideas, dejó escapar todas las ideas innovadoras que podían haber aportado sus empleados.

Lo más importante

- El liderazgo es un arte que puede adquirirse. Con poco esfuerzo cualquier persona que lo desee puede aprender a guiar a los demás disponiendo de su respeto, confianza y absoluta cooperación.
- No dirigir; liderar.
- A veces, los directivos están influidos por ideas equivocadas y mitos sobre la gerencia. No deben seguirse automáticamente los pasos de un antiguo jefe.
- No ser severos ni poco exigentes. El estilo de supervisión más eficaz se halla entre estos dos extremos. Se basa en la comprensión de la conducta humana y en la aplicación de este conocimiento en el trabajo con personas bajo su jurisdicción.
- Elogiar a los trabajadores por el trabajo bien hecho. Una tarea no reconocida es como una planta sin regar. La productividad se marchitará.
- Seguir la regla de platino: «Trata a los demás como ellos quisieran que los trataras».
- Siempre debemos estar disponibles para nuestros trabajadores.

Capítulo 2

Características de los buenos líderes

Uno no tiene la necesidad de nacer siendo un líder; la mayoría de personas pueden formarse para ser líderes, pero deben adquirir ciertas características para ser verdaderos líderes. A lo largo de los años se han llevado a cabo numerosos estudios sobre estas características.

A pesar de que las virtudes y capacidades individuales pueden variar, la investigación indica que los líderes destacados conciben el mundo de maneras similares. Las siguientes cualidades representan las más comunes entre los buenos líderes:

1. *Tienen valores muy arraigados y criterios éticos muy estrictos.* Podemos aprender mucho si seguimos la filosofía de John Templeton, el fundador de la Templeton Fund, uno de los fondos de inversión más rentables del mundo. Las prácticas de su empresa se basan en la creencia de que las personas más exitosas por lo general están motivadas éticamente.

   Dice que estas personas es probable que sean quienes mejor comprenden la importancia de la moralidad en los negocios, y se puede confiar en ellas porque proporcionan toda la información y no mienten a sus clientes.

   El trabajo duro combinado con honestidad y perseverancia es el quid de la filosofía de Templeton:

Los individuos que han aprendido a investirse a sí mismos en su trabajo son los que triunfan. Se han ganado lo que tienen. Más que conocer simplemente el valor de la moneda conocen su propio valor.

2. *Predican con el ejemplo, actuando con integridad tanto en su vida profesional como en su vida personal.* Ya sea llevando a cabo sus propias ideas o las de los demás, se esfuerzan para asegurarse de que se logra aquello que se ha planeado. Nada es más poderoso para reforzar las habilidades de liderazgo que el éxito y los logros. Trabajar duro para cumplir los objetivos fijados por el líder y sus socios aumentará la probabilidad de éxito y motivará al líder y al grupo para seguir avanzando.

3. *Conocen los objetivos de la empresa y del departamento y se mantienen informados de los cambios.* Los mejores líderes se fijan unos estándares elevados para sí mismos y luego se esfuerzan para alcanzar sus objetivos. Como todos, cometeremos errores, y cuando lo hagamos debemos considerarlos experiencias de aprendizaje e intentar transformarlos en logros. Como alguien dijo: «Si uno nunca ha cometido errores es porque nunca ha tomado decisiones».

4. *Son personas proactivas y se motivan a sí mismas para lograr resultados.* Nunca están completamente satisfechas de sí mismas. Mantienen el ritmo no sólo con el desarrollo tecnológico en su especialidad, sino que además amplían sus conocimientos y su comprensión en una variedad de áreas. Leen revistas y artículos profesionales de sus áreas de interés. Leen extensamente. Adoptan papeles activos en las asociaciones profesionales y comerciales no sólo para estar en contacto con los nuevos desarrollos, sino también para compartir sus ideas con compañeros de otras empresas. Asisten y participan en congresos y conferencias y crean redes de personas a quienes poder acudir para obtener conocimientos e ideas a lo largo de los años.

5. *Son buenos comunicadores y excepcionales oyentes.* Escuchan a sus empleados y reconocen que hombres y mujeres, a pesar de no ostentar cargos de liderazgo, pueden contribuir con ideas y su-

gerencias que pueden ser incluso más valiosas que las suyas. El buen líder establece un clima cooperativo y colaborativo en el que todos los miembros saben que su participación en las decisiones será bien recibida.

6. *Son flexibles cuando trabajan bajo presión y controlan sus emociones.* Cuando fracasan, su compromiso les impide sucumbir a la derrota. En el capítulo 1 hemos hablado de cómo volver a tener confianza en uno mismo después de sufrir una derrota. Los buenos líderes siguen este consejo. No dejan que los fracasos o las decepciones les impidan seguir intentándolo y animando a sus seguidores a seguir adelante.

ॐ

La persona que llega más lejos es generalmente la que está dispuesta a actuar y arriesgarse. El barco seguro nunca se aleja de la orilla.

Dale Carnegie

ॐ

7. *Tienen actitudes positivas.* La práctica del pensamiento positivo aumenta enormemente nuestras habilidades por dos motivos. En primer lugar, porque descubre una capacidad que antes estaba oculta, recurre a fuentes desconocidas hasta el momento; y, en segundo lugar, porque mantiene nuestra armonía mental al terminar con el miedo, la preocupación y la ansiedad, al destruir a todos los enemigos de nuestro éxito y eficacia. Nuestra mente se halla en condiciones de triunfar. Agudiza nuestras facultades, las intensifica, porque ofrece una nueva perspectiva sobre la vida y nos da la vuelta de tal modo que nos enfrenta a nuestro objetivo, hacia la certeza, la seguridad, en lugar de la duda, el miedo y la incertidumbre. Debemos acentuar lo positivo de nuestros pensamientos y acciones. Si somos pensadores positivos, nuestros compañeros de trabajo probablemente también lo serán.

8. *Cultivan la cooperación y la colaboración de su equipo.* Los buenos líderes no son displicentes. Siempre están pendientes de innovar para mejorar la manera de realizar las tareas, asegurar la satisfacción continua de los clientes y aumentar los beneficios de la empresa.

9. *Su mente está abierta a nuevas ideas y aceptan las sugerencias.* Incluso después de haber realizado cambios y mejoras, todavía buscan mejores maneras de cumplir sus objetivos. Se toman el tiempo necesario para saber qué motiva a los miembros del equipo y disfrutan motivándolos y ayudándolos a triunfar. Los buenos líderes comprenden a las personas: qué les hace actuar y reaccionar del modo en que lo hacen. Reconocen la importancia de ser factores que motivan a sus empleados, apelando a las necesidades y los sentimientos de los demás. Se interesan verdaderamente por las personas con quienes interactúan. Tal y como señaló brevemente Dale Carnegie: «Uno puede ganar más amigos en dos meses interesándose realmente por los demás que en dos años intentando que los demás se interesen por él».

10. *Conocen y optimizan los puntos fuertes de los demás.* Muchas veces las personas que ocupan cargos de autoridad pueden obligar a sus subordinados a seguir órdenes. Pero estas personas no son verdaderos líderes. Sí, se cumplirán las órdenes, pero eso es todo lo que sucederá. Los verdaderos líderes aumentan la confianza de sus socios (nótese que los consideran socios, no subordinados). Esta actitud no sólo cultiva el deseo de secundar el liderato del gerente, sino también de iniciar, innovar e implementar ideas propias que encajen en los objetivos fijados.

11. *Se responsabilizan a sí mismos y a los demás de los resultados.* Fijan estándares que sus asociados comprenden, aceptan y se esfuerzan por cumplir. Actúan inmediatamente para corregir las desviaciones. Reconocen sus propias limitaciones y buscan ayuda cuando la necesitan.

12. *Son eficientes y administran su tiempo de manera eficaz.* Establecen horarios coherentes, saben priorizar y minimizar las interrupciones y las distracciones.

13. *Son creativos e innovadores. No temen poner en práctica nuevas ideas.* Los buenos líderes no son displicentes. Siempre están pendientes de innovar para mejorar la manera de realizar las tareas, asegurar la satisfacción continua de los clientes y aumentar los beneficios de la empresa. Su mente está abierta a nuevas ideas y aceptan las sugerencias. Incluso después de haber realizado cambios y mejoras, todavía buscan mejores maneras de lograr sus objetivos.

14. *Tienen una visión.* Los grandes líderes saben lo que quieren lograr y qué pasos deben realizar para conseguir sus objetivos. Ven más allá de la consecución de los objetivos a corto plazo y tienen clara en la mente la perspectiva. Theodore Hesburgh, ex presidente de la Universidad de Notre Dame, lo expresó brevemente:

«La esencia del liderazgo es tener una visión. Tiene que ser una que se articule de manera clara y convincente en cada ocasión. Uno no puede tocar una trompeta desconocida».

15. *Se centran en lograr que se realicen las tareas.* Todos hemos conocido personas en posiciones directivas que parecen tener grandes atributos de liderazgo pero que, de algún modo, nunca llegan a triunfar. En algún momento han perdido el tren.

He aquí un ejemplo. Cuando la empresa ABC Distributing contrató a Brian como director de ventas regionales, estaba profundamente entusiasmada con él. Había llegado a ellos con muy buenas recomendaciones. Durante el proceso de selección, había impresionado al director de marketing con su amplio conocimiento de sus mercados, sus ideas innovadoras sobre cómo optimizar el negocio y su personalidad carismática. Durante sus primeros meses en el puesto de trabajo ideó un programa de marketing creativo y completo para su región. Pasó semanas depurando y escribiendo materiales y creando gráficos, lo cual le llevó a hacer varias presentaciones impresionantes ante la dirección y el personal de ventas. Y ahí terminó todo. Nunca logró que el programa funcionara. Cuando el director de marketing lo consultó con su anterior empleador, descubrió que Brian había sido personal de marketing –brillante en este tipo de trabajo– pero nunca había tenido un trabajo que implicara responsabilidad. Carecía de este importante ingrediente del liderazgo: lograr terminar las tareas.

16. *No se disuaden fácilmente.* Cuando se enfrentan al fracaso toman las riendas y luchan para superar el problema. Un buen ejemplo es Tom Monaghan, fundador de Domino's Pizza. Su empresa se expandió de una sala de una planta hasta una cadena de varios miles de establecimientos de reparto a domicilio en un período de unos treinta años. En 1989 vendió la empresa. Después de dos años y medio, la empresa que había adquirido la cadena perdió el ímpetu que Tom le había dado. A fin de salvarla, volvió a comprarla y a ocupar su puesto de director ejecutivo. Revitalizó la empresa y la expandió a 5.000 establecimientos en Estados Unidos y a más de 3.000 en otros países.

La transición entre cumplir y liderar

Una de las principales razones por las que las personas ascienden a puestos directivos y de liderazgo es porque han sido eficaces en sus puestos de trabajo. Cuando logramos este ascenso, nuestro trabajo consiste en intentar que los demás sean capaces de actuar tan bien o mejor de lo que lo hicimos nosotros. Esta tarea requiere un conjunto de habilidades completamente distinto. Nuestro éxito requiere que hagamos la transición de cumplir a liderar a fin de sacar partido de nuestras habilidades y de nuestro tiempo.

Equilibrar personas y procesos

Para ser buenos directivos debemos mantener un equilibrio entre los trabajadores y los procedimientos.

Si estamos demasiado centrados en los trabajadores significa que si una persona importante se va de la empresa, todo se detiene. Si estamos demasiado centrados en los procedimientos significa que hay importantes sistemas en funcionamiento, pero nadie los entiende ni quiere trabajar en ellos.

Los gerentes centrados en los procedimientos dicen: «Aquí está el plan y así es como hacemos las cosas». Los directivos centrados en los trabajadores afirman: «Vamos a debatir el plan y por qué de cómo hacemos las cosas». Con un equilibrio correcto, la productividad y el compromiso se mantienen en sus niveles más elevados.

Equilibrar la motivación y la responsabilidad

Sin motivación no se consigue nada; sin embargo, algunas personas creen que en cuanto intentamos que los demás se responsabilicen, se desmotivan. No necesariamente es así. Podemos crear herramientas para que las personas se responsabilicen de sus metas, objetivos y compromisos y permanezcan motivadas al mismo tiempo. Con este equilibrio tenemos más control sobre nuestros resultados y los de nuestro equipo.

ᘓ

Si a uno no le gustan las personas en general, hay una manera sencilla de cultivar esta característica: simplemente buscar los rasgos positivos. Seguro que encontrará varios.

Dale Carnegie
ᘓ

Comunicar e instruir para lograr resultados

Hoy en día, más que nunca, la tarea de un directivo consiste en formar personas. Cuando podemos crear un entorno en el que las personas consiguen resultados, desarrollan nuevas habilidades y triunfan, estamos cumpliendo con nuestra mayor vocación como directivos y líderes de personas. La máxima prioridad de un líder es comunicarse con firmeza y sensibilidad e instruir y preparar personas.

Uno de los motivos por los que las personas muchas a veces ascienden a gerentes es porque han demostrado tener las capacidades y el conocimiento necesarios para destacar en su área de especialización. Ahora bien, el éxito no solamente depende del éxito personal, sino de instruir a los demás para triunfar. Realizar la transición de trabajador a gerente con éxito requiere un nuevo estado de ánimo y un conjunto de habilidades. La siguiente tabla muestra las diferencias entre un trabajador y un buen líder:

Trabajador	Director o líder
Necesita que lo orienten y lo guíen	Planea la estrategia, prioriza y canaliza la acción para respaldar a los altos directivos
Se ajusta a la estructura	Proporciona la estructura y establece las políticas
Tiene una perspectiva a corto plazo	Tiene una perspectiva a largo plazo
Acepta y cumple	Desafía, persuade e influye
Demuestra habilidad en áreas específicas	Busca oportunidades para sacar provecho de las fortalezas individuales
Quiere comprender aquello que le asignan	Motiva, anima y obtiene compromiso y aceptación

Trabajador	Director o líder
Evita riesgos y conflictos y busca continuidad	Corre riesgos, revisa continuamente y acepta los conflictos y los cambios
Toma decisiones analíticamente	Toma decisiones intuitivamente
Busca ser escuchado y comprendido	Escucha e intenta comprender
Identifica qué necesita para destacar en su trabajo	Proporciona formación, soporte, orientación y recursos para triunfar
Busca motivos	Proporciona motivos con entusiasmo, pasión y convicción
Ansía confianza, implicación, responsabilidad y propiedad	Pide opinión y luego delega, empodera y hace responsables a los demás
Necesita que lo tranquilicen y le den respuestas sobre su desempeño	Aporta respuestas coherentes sobre el desempeño de los demás
Prospera gracias a los agradecimientos y el reconocimiento	Fortalece consistentemente la confianza, muestra aprecio y comparte la alegría
Busca un camino profesional claro	Proporciona oportunidades para crecer

Establecer metas y planificar su consecución

El primer paso que debemos dar cuando ponemos en práctica nuestras habilidades de liderazgo es establecer metas. Como un buen navegante, un líder eficaz determina las metas que es conveniente fijar y cómo y cuándo deben lograrse. Algunas personas prefieren el término *objetivos*. Las metas y los objetivos son términos intercambiables que describen la finalidad, o resultados a largo plazo, hacia los cuales se dirigen los esfuerzos de una empresa o un individuo.

Hay personas a las que les gusta emprender un viaje sin mapa. Quieren dejarse llevar por la corriente y esperan hallar aventura y fortuna –y a veces lo logran–, pero los líderes y gerentes de empresas y otras organizaciones no pueden permitirse correr estos riesgos. Dado que tienen responsabilidades para con sus equipos, deben saber hacia dónde quieren dirigirse, qué quieren cumplir, qué problemas pueden encontrarse por el camino y cómo deben superarlos.

A menos que sepamos exactamente lo que queremos lograr, no podremos medir lo cerca que estamos de conseguirlo. Las metas específicas nos proporcionan un criterio con el que medir nuestro progreso.

Las metas que fijamos para cumplir la misión de nuestro equipo deben ajustarse a las más generales que establece nuestra empresa. Si no coordinamos los objetivos acerca de lo que planeamos lograr para nuestro puesto, sección o equipo con las metas de la empresa, estaremos malgastando nuestro tiempo y energía.

Los objetivos son la base de los programas de motivación. Nos motivamos cuando nos esforzamos por alcanzar nuestras metas. Si conocemos los objetivos de los miembros de nuestro equipo y les ayudamos a lograrlos, estamos contribuyendo a su motivación.

En la mayoría de empresas, los altos cargos establecen metas muy amplias que se filtran a las secciones o equipos, los cuales las utilizan como guías para definir sus propios objetivos.

El proceso de establecer metas

El proceso de fijar metas requiere tiempo, energía y esfuerzo. Los objetivos no son algo que garabateamos en una servilleta cuando nos tomamos un descanso para tomar un café. Debemos planear aquello que realmente queremos conseguir, establecer horarios, determinar quién será el responsable de cada aspecto de la tarea y anticipar y planear una solución para cualquier obstáculo que pueda amenazar la consecución de nuestros objetivos.

Debemos explicar con detalle los objetivos. Todas las personas implicadas deben comprenderlos de principio a fin. Los directivos –ya sean del escalafón más alto o de cualquier otro nivel de la jerarquía directiva– no sólo deben conocer los objetivos de la empresa, sino también comprometerse completamente.

Los beneficios de establecer metas

1. Establecer metas ayuda a motivar a los individuos que van a realizar las tareas. Si las personas saben por qué algo es necesario, es más probable que aprendan a hacerlo bien y cumplan así el objetivo que si únicamente se les dice que lo hagan. Las personas se enorgullecen cuando realizan bien una tarea. A menos que conozcan los objetivos de la tarea que están haciendo, no podrán saber realmente si están realizándola de manera satisfactoria.

   Por ejemplo, Neil, un estudiante de ingeniería, estaba en un programa cooperativo de educación en el que durante tres meses trabajaba en una fábrica y asistía a clase. Trabajaba en un laboratorio de investigación de una gran empresa de plástico, donde se le asignó una tarea rutinaria que consistía en realizar pruebas. El trabajo era repetitivo y aburrido, y Neil pronto perdió interés y disminuyó su rendimiento. El jefe de laboratorio, al ver los efectos que tenía esta actitud en el trabajo, se llevó a Neil a un lado y le explicó detalladamente la importancia de realizar pruebas, la utilidad de los resultados y cómo esta tarea contribuía a la consecución del objetivo de la empresa, consistente en la elaboración de un magnífico producto. En cuanto Neil comprendió la naturaleza de los esfuerzos que estaba haciendo, mejoró su rendimiento y pronto logró resultados excelentes.

2. Establecer objetivos proporciona consistencia a la planificación. Cuando varias personas están implicadas en la elaboración de los planes de una empresa, una comprensión minuciosa de los objetivos facilita la elaboración de planes que se ajusten a las metas generales. Cada persona implicada en el proceso de planificación se mantiene alerta de los objetivos más amplios y ajusta su área de planificación a los mismos.

Establecer metas proporciona una base sólida para la coordinación y el control. En función de estos objetivos se pueden fijar criterios de funcionamiento y éstos, a su vez, pueden convertirse en puntos de control con los que medir el rendimiento real.

Incorporar flexibilidad

A veces simplemente no podemos alcanzar un objetivo. Las circunstancias pueden cambiar. Lo que en un momento parecía viable, puede haber dejado de serlo. En lugar de frustrarnos, deberíamos ser flexibles.

Modificar los objetivos en circunstancias cambiantes

Todos establecemos metas basándonos en ciertas circunstancias que anticipamos a lo largo de un proyecto. Sin embargo, las circunstancias cambian y tal vez sea necesario ajustar los objetivos originales. A fin de anticiparse a este desenlace, muchas empresas utilizan un método para establecer metas que implica tres niveles:

• Alternativa 1: un objetivo principal o estándar: aquello que planeamos cumplir si todo va bien.

• Alternativa 2: una meta ligeramente inferior. Si las circunstancias cambian y se torna evidente que no podemos lograr nuestro objetivo principal, en lugar de empezar desde cero a redefinir nuestro objetivo, podemos recurrir a esta alternativa.

- Alternativa 3: una meta superior. Si estamos progresando más de lo que pensábamos al principio, en lugar de complacernos por haber superado el objetivo, podemos recurrir a esta alternativa y conseguir mucho más.

Consideremos, por ejemplo, PCX, una empresa del área metropolitana de Filadelfia que revisa y repara ordenadores. Su objetivo era abrir diez nuevas cuentas en el plazo de un año. Cuando un competidor nacional abrió un nuevo establecimiento en la misma región, a fin de prevenirse de la pérdida de clientes, redirigió toda la energía de la empresa para salvar sus cuentas actuales. El objetivo de atraer nuevos clientes tuvo que dejarse a un lado.

Por otro lado, si PCX tuviera un buen año, se podrían acelerar sus objetivos. Si ganara ocho nuevos clientes en la primera mitad del año, automáticamente podría llevar su objetivo a un nivel superior.

Lograr que el equipo acepte el proceso de establecimiento de metas

En un reciente seminario sobre el establecimiento de metas, un participante se quejó: «Me cuesta conseguir que mis trabajadores acepten el concepto global. Están tan absortos en sus tareas individuales que no pueden ver más allá de sus propios problemas».

He aquí cómo podemos abordar esta situación:
- Reunir a todos los trabajadores de la sección o de nuestro proyecto en las primeras etapas del proceso de planificación.
- Debatir los aspectos más importantes del plan general.
- Pedir a cada persona que describa cómo va a adaptarse al plan global.
- Dar a todos la oportunidad de comentar cada etapa del proyecto.

Dividir un objetivo a largo plazo en pequeños objetivos con los que las personas puedan identificarse puede ayudarlas a ver cómo su parte del proyecto encaja con las demás. También les permite ver de qué manera pueden establecer los objetivos generales del equipo o del proyecto a la larga. Debemos familiarizarnos profundamente con cada uno de los objetivos de los miembros del equipo. Si sus metas no se ajustan a las de la empresa, sección o grupo de proyecto, debemos demostrarles que si ponen en práctica sus habilidades para lograr los objetivos del equipo, aumentarán las posibilidades de cumplir sus propias expectativas.

El proceso de planificación

Es aconsejable que todo el equipo se involucre en la elaboración de los planes grupales de cada proyecto o asignación. Como supervisores o líderes del grupo, deberíamos coordinar y liderar el proceso. Debemos asignar aspectos particulares de la planificación a los asociados que tengan más conocimiento de ellos, coordinar el proceso y tomar las decisiones que tienen un importante efecto en todo el proyecto.

La planificación debe cuadrar con las metas de la empresa. A menos que uno se adhiera a estos objetivos, la planificación será caótica. Una vez se han definido claramente los objetivos, las personas encargadas de la planificación deben diagnosticar los problemas que debe cubrir el plan. Para ello, se aconseja seguir los siguientes pasos:

Aclarar el problema. Asegurarse de que todos los planificadores comprenden el problema del mismo modo. Por ejemplo, si el objetivo general de un plan es aumentar las ventas, y un participante diagnostica que la situación problema se debe a mejores técnicas comerciales, mientras que otro considera que el problema son los precios, no puede llegarse a ninguna solución. Para asegurarnos de que todos comprenden claramente la situación, podemos preguntar:

¿Qué debemos hacer? ¿Corregir la falta de competencia? ¿Prepararnos para las eventualidades? ¿Modificar el método? ¿O algún otro asunto específico?

¿Por qué debemos hacerlo? ¿Qué ocurrirá si no lo hacemos? ¿Nuestra actuación es necesaria para solucionar los problemas actuales o para prepararnos para el futuro? ¿Cómo afectará a los objetivos de la empresa?

¿Cuándo deberíamos hacerlo? ¿Es una emergencia inmediata? Si no es así, ¿qué horario deberíamos fijar para cumplirlo?

¿Dónde va a tener lugar? ¿Las instalaciones están disponibles para el plan y su implementación?

¿A quién se le asignará la elaboración del plan? ¿Se asignará a un grupo particular o a los trabajadores que están implicados en la operación actual y que serán responsables de implementarlo?

¿Cómo se llevará a cabo? ¿De qué modo se elaborará e implementará posteriormente el plan?

ↄ

El individuo exitoso saca provecho de sus errores y lo intenta de nuevo de otra manera.

Dale Carnegie

ↄ

POE: la Biblia de la empresa

Un tipo de planificación que se usa habitualmente es el establecimiento de procedimientos operacionales estandarizados (POE), a veces llamados prácticas estandarizadas (PE), que detallan los planes y la política de la empresa. A pesar de que cada vez más las empresas limitan sus POE a asuntos como la política de personal, las medidas de seguridad y asuntos relacionados, otras muchas, sin embargo, o bien incorporan métodos de trabajo y procedimientos específicos a sus «biblias», o bien los publican en «manuales de instrucción». Proporcionar políticas y procedimientos para las actividades rutinarias elimina la necesidad de planearlos nuevamente cada vez que se llevan a cabo. Dado que los POE establecen criterios que todos deben seguir, los empleados que trabajan con los manuales pueden recurrir a ellos en cualquier momento, lo cual asegura coherencia en el abordaje de situaciones particulares.

Si tenemos que elaborar los POE, debemos redactarlos de manera sencilla. Muchas veces, los POE son complicados debido a los deseos de los gerentes de cubrir todas las circunstancias posibles. No pueden hacerse así.

Con frecuencia, los gerentes deberán tomar decisiones basándose en muchos elementos imprevisibles. Los POE deben cubrir en detalle los asuntos habituales, pero deben dejar un margen para que los directivos (o trabajadores no directivos, si es necesario) tomen decisiones espontáneas cuando las circunstancias lo requieran.

Los POE también deberían ser flexibles. No es conveniente que sean tan rígidos que no puedan modificarse cuando cambian las circunstancias. Los planes pueden volverse obsoletos debido a las nuevas tecnologías, a la competencia, las regulaciones gubernamentales o el desarrollo de métodos más eficaces. Es aconsejable incorporar en los POE una norma que incluya revisiones y ajustes periódicos.

También cabe tener presente que no todos los planes son POE. Los planes se pueden elaborar para lograr objetivos específicos; algunas veces se utilizan una sola vez y en otras ocasiones para proyectos que duran varios meses o incluso años.

Los procedimientos operacionales estandarizados son sólo una fase de la planificación. Como ya se ha mencionado, es conveniente que cubran sólo cuestiones generales de política, de manera que se puedan diseñar planes específicos para los nuevos proyectos cuando se creen.

Una guía para redactar buenos POE:

- Exponer claramente las acciones que se esperan de cada participante.
- Especificar dónde se permiten desviaciones y dónde no.
- Hacer una prueba con los POE antes de finalizarlos.

Obstáculos en el cumplimiento de la responsabilidad

Independientemente de lo bien ideados que estén nuestros planes, es probable que se den situaciones conflictivas con nuestros asociados u otros directivos. Nuestros resultados y los de nuestro equipo dependen de cómo se manejan tales situaciones. La imparcialidad, la coherencia y la fortaleza son necesarias en los lugares adecuados, en los momentos oportunos y del modo correcto. Sin estas cualidades puede disminuir la moralidad de todos, afectando así la productividad y la lealtad del cliente y del empleado, requisitos indispensables en el mundo laboral actual sumamente competitivo. He aquí algunas propuestas para afrontar tales situaciones:

1. Asegurarse de que todas las metas y objetivos están claros, se han comunicado a todos los implicados y no sólo se han comprendido, sino también aceptado.
2. Deberían indicarse claramente los objetivos respecto al funcionamiento. En el capítulo 5 hablaremos de cómo hacerlo.
3. No deberían modificarse las metas y los criterios a menos que ocurran graves problemas que cambien la esfera de acción del proyecto.
4. Asegurarse de que todas las partes interesadas aceptan y sienten que los objetivos y las pautas les pertenecen.
5. Determinar los jalones y los métodos de cálculo, monitoreo y comunicación de los logros.
6. Alentar a los asociados a realizar las preguntas oportunas para superar los obstáculos y lograr resultados.

7. Establecer y ceñirse a los horarios.
8. Proporcionar técnicas de instrucción y retroalimentación.
9. Ser conscientes de la falta de motivación y el desgaste profesional de aquellos implicados en el proyecto y tomar medidas para abordar estas situaciones.
10. Ofrecer recompensas relevantes por la consecución de los objetivos.

Lo más importante

Los buenos líderes siguen estos principios:
- Los miembros del equipo responden mejor a un estilo de liderazgo participativo que a uno autoritario.
- Los socios deberían tener la oportunidad de poner en práctica sus talentos, habilidades y capacidad intelectual.
- El buen líder crea un entorno cooperativo y colaborativo en el que todos los participantes saben que su intervención en las decisiones es bien recibida. Los socios deberían tener la oportunidad de poner en práctica sus talentos, habilidades y capacidad intelectual.
- Los buenos líderes se consideran facilitadores. Su tarea consiste en facilitar que sus socios realicen su trabajo.
- Los buenos líderes están preparados para tomar la iniciativa y para actuar más que para reaccionar.
- Los mejores líderes fijan niveles elevados para sí mismos y luego trabajan arduamente para lograr sus objetivos.
- Se centran en terminar las tareas y no se disuaden con facilidad.

Principios para que todos asumamos la responsabilidad
Nosotros, como líderes de nuestros equipos, principalmente somos responsables de su éxito o fracaso. Para asegurar el éxito tenemos la

obligación de hacer que nuestros socios reconozcan que también son responsables. He aquí algunas indicaciones para conseguirlo:

- Establecer metas inmediatas, intermedias y a largo plazo.
- Ajustar los objetivos sobre el funcionamiento y la estrategia corporativa.
- Ser conscientes de los cambios en el alcance del proyecto y, si los planes o el proyecto cambian, revisar las metas, los procedimientos y los plazos.
- Lograr el acuerdo y la aceptación de las metas y los criterios establecidos.
- Transmitir con coherencia las metas, los objetivos, los controles y los jalones establecidos a todos los implicados.
- Realizar las preguntas oportunas, hacer frente a los desafíos y buscar la contribución de los demás para eliminar los obstáculos en la consecución de los objetivos.
- Priorizar actividades, permanecer centrados y administrar el tiempo según los objetivos acerca del rendimiento.
- Establecer un sistema de enseñanza y aprender formas de proporcionar una buena formación y una retroalimentación constructiva.
- Mantener el entusiasmo, el compromiso y la motivación dando un reconocimiento sincero y coherente de las buenas acciones de los demás.
- Ofrecer recompensas relevantes para la consecución de los objetivos.

Capítulo 3

Cómo motivar a nuestros empleados

Cuando nuestros trabajadores acuden al trabajo, ¿alguna vez nos hemos preguntado si están contentos de estar allí? ¿Si preferirían estar trabajando para otra persona? ¿Si aquello que los motiva a acudir al trabajo es el sueldo que les pagamos o los beneficios que proporciona nuestra empresa? Estos elementos son importantes, pero la mayoría de empresas de hoy en día pagan sueldos satisfactorios y ofrecen beneficios comparables. Tiene que ser algo más que eso. Los psicólogos nos dicen que hay cinco elementos motivacionales básicos en la relación entre una persona y su trabajo.

Reconocimiento como individuos

Cada uno de nuestros empleados es distinto a nosotros y a los demás integrantes del grupo. A todas las personas les gusta sentir que reconocemos estas diferencias y que las tratamos como personas especiales y no como individuos intercambiables. Los supervisores deben escuchar y observar a las personas que supervisan y aprender a diferenciarlas. Debemos conocer sus virtudes y limitaciones, sus gustos y aversiones y su manera de actuar y reaccionar, y adaptar nuestra manera de actuar con ellos a sus individualidades.

Si prestamos atención a estas diferencias, nos daremos cuenta de que cada uno tiene una o más inquietudes sobre su trabajo. Descubrimos que Joe es muy consciente de la seguridad y no corre riesgos por miedo a fracasar y, tal vez, por temor a poner en peligro su trabajo. Observamos que Betty es muy ambiciosa y quiere ascender tan rápidamente como pueda. Entre los demás trabajadores, Sam y Lil necesitan que constantemente los tranquilicemos, mientras que Karen siempre está probando nuevos enfoques. Si tenemos presente estas diferencias, seremos capaces de trabajar de manera más eficaz con cada uno de ellos y de ayudarlos a obtener lo que más desean de nosotros como jefes.

Enorgullecerse del trabajo

La mayoría de personas que han llegado a puestos de supervisión o dirección están orgullosas de sus trabajos. Normalmente se han ganado el ascenso y han conseguido logros significativos. Estos hombres y mujeres se consideran una parte importante de la empresa. Si podemos infundir esta sensación de orgullo a *todos* nuestros trabajadores, daremos lugar a un aumento de su moral y compromiso.

A fin de lograrlo, deberíamos orientar con detalle a cada nuevo trabajador sobre las funciones de la sección y su relación con las actividades globales de la empresa. También tendríamos que explicarle de qué manera el desempeño de su tarea específica contribuye a la consecución de la misión del departamento y de la empresa.

Siempre que sea oportuno, debemos mostrarle nuestro agradecimiento y elogiarlo. Dale Carnegie nos animó a «mostrar nuestro agradecimiento de manera constante y a ser generosos con nuestros elogios». Cuando las personas saben que agradecemos su trabajo, desarrollan y mantienen una sensación de orgullo.

Sensación de pertenencia

Muchas empresas presumen del *espíritu de equipo* que generan. El compañerismo es esencial para que las tareas en grupo salgan bien. A todas las personas les gusta sentir que forman parte de algo más grande: un equipo, un grupo social, una unidad militar o una empresa. Estas sensaciones fluyen directamente del orgullo que uno siente por su trabajo, pero esto es sólo el principio. Las personas están más contentas, colaboran más y son más productivas cuando se identifican con su grupo, especialmente si es exitoso y eficaz. Fanfarronean de haber servido a la Marina de Estados Unidos mucho tiempo después de haber terminado su servicio, y explican orgullosamente que han trabajado para IBM, AT&T, Sony, Toyota u otras empresas prestigiosas.

¿Cómo podemos contribuir a que nuestros trabajadores tengan esta sensación de pertenencia? Los buenos directivos construyen un espíritu de equipo cuando sus trabajadores tienen claros los objetivos e intervienen en la determinación acerca de cómo conseguirlos. Al lograr que nuestros empleados se involucren en las decisiones que afectan a su trabajo, conseguimos que se sientan importantes para la sección, lo cual sedimentará su compromiso. Si están entusiasmados con su trabajo estarán motivados a dar lo mejor de sí.

Un entusiasmo fogoso, respaldado por el sentido común y la persistencia, es la cualidad que más veces logra el éxito.

Dale Carnegie

Trato justo

Las políticas y los procedimientos deberían establecerse, comunicarse claramente a los empleados y aplicarse de manera coherente. Cindy y Sandy tienen problemas de puntualidad. A la jefa le gusta Cindy, pero no está demasiado contenta con Sandy. Le impone disciplina a Sandy por su tardanza, pero no amonesta tanto a Cindy. Con esta actuación no solamente conseguirá que Sandy se moleste, sino también que todo el departamento considere que es injusta.

Las personas que cometen las mismas infracciones deberían recibir el mismo trato.

Las personas responden emocionalmente –no de forma racional– cuando sus propios intereses corren peligro. El deseo de recibir un trato justo está profundamente arraigado en el carácter emocional de cada uno. El favoritismo es el mayor de los desmoralizantes. Destruye la sensación de seguridad de aquellos que temen que sus propios esfuerzos y valía no sean reconocidos.

Oportunidad para expresar ideas

Billy nunca se olvidará de su primer jefe.

«Se me ocurrió una gran idea que podía aumentar la producción de mi departamento. Entusiasmado, me dirigí al jefe para explicárselo. Ni siquiera me escuchó. Me dijo: "Se te paga por trabajar, no por pensar. Regresa a tu máquina". Nunca más volví a proponer otra idea mientras seguí en aquel trabajo».

Las personas que trabajan en una empresa determinada tienen gran intuición sobre su funcionamiento y a veces surgen con buenas propuestas. Todos somos más creativos de lo que creemos. Deberíamos imponernos la norma de animar a nuestros trabajadores a hacer propuestas y a considerarlas seriamente. Si no son razonables, debemos explicarles por qué, pero jamás debemos ignorarlas.

Los trabajadores deberían sentirse libres de hablar sobre su progreso personal con su jefe. Algunos supervisores erigen involuntariamente una barrera entre ellos y sus trabajadores de manera que éstos no se sienten cómodos para acercarse a ellos. Tal vez no nos demos cuenta, pero si nuestros empleados rara vez acuden a nosotros con sus problemas, no significa que no los tengan. Es más probable que no se sientan libres de comentarlos con nosotros.

Lo que motiva a los trabajadores

Vamos a echar otro vistazo a algunos de los elementos que los trabajadores buscan en sus empleos:

Reconocimiento y agradecimiento

Como ya se ha mencionado, el reconocimiento es un elemento clave. Así lo ha constatado también un informe de *The Society for Human Resource Management*, basado en una encuesta de Gallup a 400 empresas. Confirmó que la relación de un trabajador con su jefe directo contribuye más a su permanencia en el puesto que el salario o las ventajas de dicho empleo. Un estilo de liderazgo justo e inspirador, que incluya preparación y formación, retiene a los trabajadores. Otra encuesta de Gallup reveló que un importante indicador de la satisfacción y la productividad de los empleados es su creencia en que el jefe se preocupa por ellos y que se puede confiar en él.

Algunas personas se guían más por otro tipo de incentivos que por el dinero. En un estudio realizado por Employee Retention Headquarters, los empleados citaron más el agradecimiento y la implicación que el dinero como elementos que los mantiene satisfechos con su empleo. Necesitan estar convencidos, ya sea verbalmente o no, de que la dirección respeta su posición y de que son importantes para el éxito de su empresa. Disfrutan celebrando logros y victorias, de un modo público y privado, de manera verbal y por escrito y de forma puntual y sincera.

Tareas estimulantes y satisfactorias

En octubre del año 2003, el boletín de noticias de la asociación ASTD (American Society for Training & Development) informó de que para la mayoría de trabajadores de hoy en día, las tareas estimulantes y preciadas son más importantes que el sueldo y el ascenso. El entusiasmo y la admiración por el propio trabajo no tienen precio. Los directivos que promueven la participación de los empleados y los incluyen en un proyecto desde el principio, obtienen ideas más creativas y contribuyen a que los empleados inviertan más en los resultados y estén más orgullosos de los mismos. Los trabajadores que participan activamente en la toma de decisiones de un amplio espectro de temas ayudan a crear un entorno que agrada y en el que desean permanecer.

Una clara trayectoria profesional y oportunidades de crecimiento

Cuando se dan oportunidades para crecer tanto a nivel personal como profesional, es menos probable que los trabajadores busquen otros empleos. Proporcionar oportunidades de capacitación en relación al desarrollo de nuevas habilidades y al desarrollo profesional, es una indicación de que un jefe está dispuesto a invertir en sus trabajadores. Este elemento es crucial para la permanencia del trabajador. Los empleados se motivan cuando sus gerentes los animan a participar en organizaciones profesionales, pagándoles la cuota de afiliación y concediéndoles tiempo libre para asistir a los almuerzos y las conferencias. Las empresas que tienen una tasa elevada de permanencia de los trabajadores tienen la reputación de promover el ascenso interno de los empleados. Una trayectoria profesional acordada conjuntamente obtendrá el compromiso de los empleados y asegurará su aceptación de los objetivos y el rumbo de la empresa.

Directivos que respetan una vida equilibrada

Las empresas que predican con el ejemplo de una vida equilibrada logran más permanencia de sus empleados que aquellas que creen que el trabajador debería comer, respirar y dormir en el trabajo. Conocer y respetar la importancia de la familia y la vida personal evita el desgaste profesional y fomenta la lealtad. Según la Society for Human Resource Management, los empresarios necesitan conocer la calidad de los asuntos laborales y personales de sus trabajadores.

Deben estar dispuestos a ofrecer horarios flexibles y a ser sensatos con el reto que supone tener dos empleos y cuidar de los hijos y de los padres.

Compensaciones y beneficios competitivos

El dinero es importante, pero menos de lo que podamos creer. Los trabajadores esperan una remuneración justa y competitiva. Se sienten con derecho a las prestaciones de la seguridad social y los planes de jubilación. En una encuesta, el 92 % de los participantes indicó que un aumento de sueldo de 10.000 euros o dólares anuales no los induciría a cambiar de empresa en caso de estar recibiendo algún tipo de formación para su desarrollo personal y profesional.

ᘓ

Sólo hay una manera... de lograr que una persona haga cualquier cosa.
Y se trata de conseguir que esa persona quiera hacerlo.

Dale Carnegie

ᘓ

Motivar para lograr el máximo rendimiento

Nuestra primera tarea como directivos o líderes consiste en desarrollar las capacidades y las habilidades de cada uno de nuestros socios para que puedan rendir al máximo. La mejor manera de empezar es descubrir las individualidades de cada persona.

Podemos pensar que lo único que realmente necesitamos saber acerca de nuestros asociados es lo bien que desempeñan su trabajo. ¡Eso es incorrecto! Para conocer a los miembros de nuestro equipo se requiere más que simplemente conocer sus destrezas laborales; es una parte importante, pero es solamente una parte de su totalidad. Debemos aprender lo que es importante para ellos: sus ambiciones y objetivos, sus familias, sus preocupaciones. En otras palabras, lo que los hace ser lo que son.

Método de funcionamiento

Cada uno de nosotros tenemos nuestra propia manera especial de trabajar y de vivir nuestras vidas. Se trata de nuestro «MF» (Método de funcionamiento). Si estudiamos la manera de funcionar de cada uno de nuestros empleados, descubriremos su MF. Por ejemplo, podemos observar que una persona siempre considera un tema antes de comentarlo, y otra puede releer varias veces todo lo que ha realizado antes de empezar una nueva tarea. Conocer estos estilos de trabajo nos ayuda a comprender a las personas y nos permite trabajar con ellas más eficazmente.

Si observamos y escuchamos podemos aprender muchas cosas acerca de nuestros compañeros de trabajo. Debemos escucharlos cuando nos hablan: escuchar lo que dicen y lo que no. También cuando hablan con los demás. Tal vez no sea educado escucharlos a escondidas, pero podemos aprender mucho. Debemos observar cómo trabajan nuestros asociados y cómo actúan y reaccionan. No tardaremos mucho en identificar sus gustos y aversiones, sus rarezas y excentricidades. Si escuchamos podemos descubrir aquellas cosas que son importantes para ellos y los «puntos calientes» que les pueden molestar o disgustar.

A fin de sacar el máximo provecho de nuestros empleados, debemos comprenderlos como seres humanos y trabajar con ellos como individuos para ayudarlos a comprometerse y a cumplir sus compromisos y rendir incluso más que hasta el momento.

Como ya se ha destacado, debemos reconocer que todos los seres humanos son diferentes y tratar a cada uno según sus individualidades en lugar de intentar conseguir que todos hagan lo mismo de la misma manera. He aquí algunos consejos para lograr nuestro objetivo de obtener un mejor rendimiento de nuestros trabajadores.

Personalidad

Cada persona tiene su propia personalidad. Un directivo debe dedicar tiempo a conocer la manera de actuar y reaccionar de cada uno, sus gustos y disgustos y lo que realmente les preocupa. Muchos supervisores cometen el grave error de tratar a todos de la misma manera. Algunas personas necesitan mucha más atención que otras, mientras que algunas consideran que la atención de su jefe es indiscreta o condescendiente. Hay individuos que necesitan refuerzos constantemente, mientras que otros sólo necesitan una palmadita en la espalda de manera ocasional.

Características excepcionales

Podemos buscar aquellos rasgos que hacen que una persona destaque por encima de las demás. Laurie es muy creativa. En su tiempo libre dibuja, esculpe y escribe poesía. ¿De qué manera le puede servir esto en el trabajo? Si recurrimos a su creatividad, podemos lograr que Laurie aborde proyectos difíciles o contribuya con ideas y sugerencias que puedan ayudar a solucionar problemas laborales. Gary es perfeccionista. Su forma de trabajar tal vez sea lenta, pero siempre es correcta. Si le damos tareas en las que prime la calidad, estaremos aprovechando su potencial de la manera más eficaz.

Oportunidad

El trabajo de Claudette era aburrido. Sin embargo, su jefe vio que tenía ansias por aprender y que emplearía todos sus esfuerzos con su tedioso trabajo si pudiera ver cómo éste le proporcionaba tareas más desafiantes. Al darle a Claudette la oportunidad de aprender otras tareas del departamento, pudo formarse y prepararse para ellas, lo cual la animó a aprender y crecer.

Las oportunidades no se limitan a los posibles progresos en el trabajo. Hay personas que no quieren la responsabilidad de los trabajos de supervisión o dirección, pero buscan oportunidades para aumentar su conocimiento o llevar a cabo tareas que les resulten más interesantes. David se consideraba a sí mismo una persona «con don de gentes». Se relacionaba bien con los demás, pero en su puesto de contable se pasaba la mayor parte del tiempo trabajando solo. Cuando tuvo la oportunidad de formar a los demás miembros del departamento en los procedimientos de la empresa y de dirigir periódicamente las reuniones, aumentó su entusiasmo por el trabajo y mejoró su rendimiento general.

Participación

Las personas que trabajan en cierta empresa tienen una intuición mucho mayor de lo que pensamos sobre cómo realizar una tarea. Cuando tengamos que elaborar un nuevo procedimiento o planear un nuevo proyecto, debemos permitir que las personas que harán la tarea participen en la determinación de cómo debería llevarse a cabo. Como encargada de la sección, Kathy creía saber exactamente cómo debía planear el nuevo proyecto. Después de todo, contaba con años de experiencia en este trabajo. Sin embargo, en lugar de elaborar el plan y explicar a sus trabajadores cómo debía llevarse a cabo, los hizo participar en las primeras etapas de la planificación. No sólo surgieron algunas ideas excelentes que Kathy no había considerado, sino que, como habían participado en la planificación, se sintieron más comprometidos a esforzarse para asegurar el éxito.

Liderazgo

Los buenos líderes no establecen objetivos para sus trabajadores y les dicen cómo alcanzarlos. Los buenos líderes trabajan con sus empleados para animarlos a fijarse sus propios objetivos y proporcionarles los instrumentos necesarios para lograrlos.

Fred era un hombre inteligente y un buen trabajador, pero Paul, su jefe, creía que tenía muchas más habilidades de las que empleaba. Fred temía tomar la iniciativa en cualquier proyecto y continuamente acudía a Paul para que le diera instrucciones. A fin de ayudar a Fred a superar este obstáculo, Paul empezó dándole pequeños proyectos y lo responsabilizó de su finalización. Al aumentar gradualmente la complejidad de estas tareas, Paul ayudó a Fred a tener la confianza necesaria en sí mismo para dar lo mejor de él.

Expectativas

Debemos hacer saber a nuestros trabajadores que esperamos que su desempeño sea excelente. No debemos estar satisfechos con un trabajo mediocre. Demasiados directivos se sienten satisfechos cuando sus empleados alcanzan los niveles mínimos. Esta actitud tal vez sea positiva cuando el negocio está prosperando, pero cuando las empresas tienen que luchar simplemente para mantenerse, necesitamos más que el simple cumplimiento de los niveles mínimos. Debemos animar a nuestros trabajadores a intentar seguir mejorando.

Normalmente puede ser de ayuda ofrecer recompensas por lograr los objetivos. Mary Kay Ash, fundadora de la empresa Mary Kay Cosmetics, atribuye el gran éxito de su firma a su hábito de hacer que los trabajadores se fijen expectativas cada vez más altas y recompensándolos con algún tipo de reconocimiento cuando logran estas metas.

Cuando los jefes de estas personas, sus familias y sobre todo ellas mismas esperan mejorar su rendimiento, nada puede detenerlas de convertirse en verdaderas triunfadoras.

Conocer a nuestros compañeros, trabajar con ellos y aprovechar sus virtudes individuales dará lugar a una mayor eficacia de nuestro departamento y a un mayor rendimiento de la empresa.

El dinero como elemento motivador

He aquí una pequeña lección de lógica:
- A: cuánto más dinero ganamos, más felices somos.
- B: cuanto más trabajamos, más dinero ganamos.

Por consiguiente:
- C: las personas se esforzarán por producir más, ganar más dinero y, de este modo, serán más felices.

¿Pero es eso cierto? A veces sí, pero no siempre. Si asumimos que A y B son verdaderas, debería ser lógico que C también lo sea. ¿Verdad? A veces es así, pero a menudo no.

Analicemos por qué el dinero no siempre es el elemento motivador que lógicamente parece ser.

Factores de motivación frente a factores de satisfacción

Un equipo de científicos conductistas liderado por Frederick Herzberg estudió aquello que las personas buscan de sus trabajos y clasificó los resultados en dos categorías distintas:

1. *Factores de satisfacción* (también llamados *factores de mantenimiento*): factores que las personas necesitan de un empleo para justificar un mínimo esfuerzo.

   Estos factores incluyen las condiciones de trabajo, el sueldo y los beneficios. En cuanto los trabajadores están satisfechos, sin embargo, darles simplemente más de estos factores no los motivará a esforzarse más. Muchos de los factores que la mayoría de personas consideran de motivación, en realidad sólo son factores de satisfacción.

2. *Factores de motivación*: factores que estimulan a las personas a dedicar más energía, esfuerzo y entusiasmo al trabajo. Las hacen esforzarse verdaderamente.

Para ver cómo funciona este concepto en el trabajo, supongamos que trabajamos en unas instalaciones menos adecuadas en las que la iluminación es insuficiente, la ventilación no es la idónea y el espacio es reducido. La productividad, por supuesto, es baja.

En unos pocos meses nuestra empresa se traslada a un nuevo lugar, con una iluminación excelente, aire acondicionado y un amplio espacio, y la productividad se dispara.

El director ejecutivo está eufórico. En la junta de directivos, dice:

«He encontrado la solución para aumentar la productividad: si les damos a los trabajadores mejores condiciones de trabajo, producirán más, de modo que voy a mejorarlas todavía más».

Contrata a un diseñador de interiores, pone una nueva moqueta, cuelga cuadros en las paredes y coloca plantas por toda la oficina.

Los trabajadores están encantados. Es un placer trabajar en este entorno, pero la productividad no aumenta.

¿Por qué no? Las personas buscan un nivel de satisfacción en su trabajo, en este caso, unas condiciones de trabajo aceptables. Cuando el entorno de trabajo es el adecuado, los trabajadores están satisfechos y aumenta su productividad. Una vez las condiciones alcanzan su nivel de satisfacción, el simple hecho de añadir mejoras no les dará más motivación.

¿Qué tiene que ver esto con el dinero?

El dinero, como las condiciones de trabajo, es un factor de satisfacción. Podríamos asumir que ofrecer más dinero hace aumentar la productividad. Y, probablemente, estaríamos en lo cierto para la mayoría de personas, pero no para todas. Los programas de incentivos, en los que a las personas se les da la oportunidad de ganar más dinero si producen más, forman parte de los planes de compensación de muchas empresas. Funcionan para algunas personas, pero no para otras.

El sector comercial es un buen ejemplo. Dado que los vendedores normalmente trabajan a comisión, están en la envidiable posición de no tener que pedir un aumento de sueldo salvo en raras ocasiones. Si los vendedores quieren ganar más dinero, lo único que deben hacer es esforzarse más o de forma más inteligente y ganarán tanto dinero como quieran. Por consiguiente, los vendedores son muy ricos. ¿Cierto? ¡Incorrecto!

¿Por qué esta lógica no funciona? Los directores de ventas se han quejado de este problema desde el inicio de los tiempos. Dicen: «Tenemos un programa de incentivos excelente y dinero para nuestros vendedores. Lo único que tienen que hacer es extender la mano, y no lo hacen. ¿Por qué no?».

Debemos adentranos en la psique humana para lograr una respuesta. Todos nos fijamos, consciente o inconscientemente, un nivel de salarios personal con el que nos sentimos satisfechos. Hasta que no lo alcanzamos, el dinero nos motiva, pero después deja de hacerlo. Este nivel varía significativamente de una persona a otra.

Para algunas personas este nivel es muy alto y el dinero es un gran factor de motivación; otras se contentan con niveles más bajos. No significa que no quieran su aumento de sueldo o bonificación anual, pero si obtener este dinero extra requiere un esfuerzo determinado u otros inconvenientes, podemos olvidarnos de que lo hagan.

Por ejemplo, supongamos que Derek está en nuestro equipo y que su sueldo es un 60 % del nuestro. Su mujer trabaja, pero sabemos que, por la naturaleza de su puesto, no está muy bien remunerado. Derek tiene un vehículo de doce años de antigüedad y compra su ropa en tiendas de segunda mano. Las únicas vacaciones que ha hecho su familia son estancias ocasionales en campings. Nos compadecemos de él. Pero ahora podemos ayudarlo. Necesitamos varios trabajadores para un proyecto determinado que necesita llevarse a cabo durante los seis siguientes sábados y para el que pagamos el doble. Cuando le preguntamos a Derek si quiere llevar a cabo la tarea, nos responde que no, y no podemos comprender por qué. Nos parece que debería estar deseando ganar más dinero, pero ya ha alcanzado su nivel de satisfacción. Para él, tener los sábados libres para estar con su familia es más importante que tener la oportunidad de ganar más dinero.

Este ejemplo no significa que el dinero no motive en absoluto. La posibilidad de ganar dinero motiva a todos hasta que alcanza su nivel de satisfacción. Algunas personas, como Derek, están contentas con niveles más bajos. Siempre y cuando puedan cubrir sus necesidades básicas, hay otras cosas que son más importantes que el dinero. Para otras personas este nivel es muy alto y se ofrecen para seguir ganando más dinero.

Aprender todo lo que podamos sobre nuestros socios nos permitirá conocer sus intereses, objetivos, estilos de vida y el nivel de ingresos con el que están satisfechos. Ofrecer la oportunidad de ganar más dinero como incentivo a personas que no les importa es baladí. Tenemos que encontrar otras formas de motivarlas.

Los beneficios: ¿factores de motivación o de satisfacción?

Los beneficios son importantes en la mayoría de empresas. Estas empresas proporcionan a sus trabajadores algún tipo de seguro médico, seguro de vida, pensión y otros beneficios sociales. De hecho, el conjunto de beneficios es uno de los elementos que buscan los trabajadores cuando consideran una oferta de trabajo, pero no es un factor de motivación. ¿Ha conocido alguna vez el lector a alguien que se esforzara más porque su empresa hubiera introducido un seguro dental?

Los beneficios son factores de satisfacción. Los buenos beneficios atraen a las personas a trabajar para una empresa y también previenen el abandono de sus trabajadores.

Pero mantener contentos a los trabajadores no es suficiente. El reto es establecer niveles altos de rendimiento que desafíen a los trabajadores y los motiven a esforzarse para cumplirlos. Algunos de estos factores de motivación son:

Reconocimiento

Los seres humanos ansían el reconocimiento. A las personas les gusta saber que los demás saben quiénes son, qué desean y aquello en lo que creen. El reconocimiento empieza cuando aprendemos y utilizamos los nombres de las personas. Por supuesto que conocemos los nombres de los hombres y las mujeres de nuestro equipo de trabajo, pero a menudo tendremos que coordinar nuestro trabajo con el de otros grupos, con proveedores internos y externos, con subcontratistas y con clientes.

Todos tienen un nombre. Debemos aprendernos los nombres de estas personas y utilizarlos. Es el primer paso en el reconocimiento de la singularidad de cada persona.

ༀ

Recordad que el nombre de una persona es, para ella,
el sonido más dulce en cualquier idioma.

Dale Carnegie
ༀ

El reconocimiento no se limita al uso del nombre. En una entrevista tras su despido, a Warren, después de que dejara su empleo en la Building Maintenance Company, le preguntaron qué le había gustado más y qué le había gustado menos de la empresa. Warren respondió que, a pesar de que el sueldo y los beneficios eran adecuados, nunca sintió que formara parte de la empresa.

«Nunca sentí que me consideraran algo más que el engranaje de una máquina –dijo–. Durante los nueve meses que trabajé en el departamento hice varias propuestas, me ofrecí para hacerme cargo de proyectos adicionales e intenté aplicar enfoques creativos a algunas de las tareas que me asignaron. Mi jefe no tuvo en cuenta nada de lo que podría haber aportado».

Demostrar que nos preocupamos

Al igual que nosotros tenemos una vida fuera de la empresa, nuestros socios también la tienen. Un trabajo es una parte importante de nuestra vida, pero hay muchos aspectos de la vida que pueden ser de mayor importancia: la salud, la familia y otros intereses, por ejemplo. Debemos mostrar a nuestros asociados un interés sincero en ellos como personas íntegras.

Virginia, la directora de una caja de ahorros de Wichita, en Kansas, se preocupa de dar la bienvenida a los socios que han regresado de sus vacaciones o se han ausentado durante varios días por enfermedad. Les pregunta por sus vacaciones o por su estado de salud y les pone al día de las novedades de la empresa. Les hace sentir que les ha echado de menos, y transmite eso con sinceridad porque realmente los ha añorado.

Jacob es abuelo y sabe que los niños son el centro de atención en la mayoría de familias. Se interesa verdaderamente por las actividades de los hijos de sus compañeros de trabajo e incluso ha acompañado a algunos a actividades escolares en las que participaban sus hijos. Algunas personas tal vez consideren esta situación paternalista o intrusiva, pero la verdadera preocupación de Jacob se transmite como un interés bondadoso y ha contribuido a unir a los miembros de su equipo en una familia trabajadora.

Elogiar

Dos veces obré bien y nunca lo reconocieron,
Una vez obré mal y siempre me lo recordaron

Hay supervisores que nunca alaban a sus trabajadores. Piensan que las personas deben hacer un buen trabajo y que no necesitan que las elogien por hacer lo que se espera de ellas. Un supervisor malhumorado se jactaba de ello al decir: «Nunca elogio a los trabajadores. Saben que lo están haciendo bien si les dejo en paz. Si tengo que hablar con ellos significa que tienen problemas».

Los seres humanos ansían que los elogien. A todos nos gusta saber que los demás reconocen nuestros logros y hazañas. Tal reconocimiento es especialmente importante cuando el elogio proviene de nuestro supervisor o de otras personas a quienes respetamos.

Los elogios deben ser sinceros

Carol estaba a punto de irse de la sala para asistir a una reunión. Cuando llegó a la puerta se detuvo, se dio la vuelta y dijo: «Equipo, quiero que sepáis que estáis haciendo un buen trabajo», sonrió y se fue. En la reunión les explicó a sus compañeros que había subido la moral de sus trabajadores con aquel comentario antes de marcharse.

Cuando regresó a su departamento, sus trabajadores habían interpretado su comentario de un modo un tanto distinto. Uno de los hombres comentó en voz alta a los demás: «Nos acaba de dar el refuerzo positivo del mes». Aquello que Carol había considerado que era una forma de subir la moral, sus trabajadores lo interpretaron como un gesto deshonesto. Los elogios deben ser sinceros y no podemos fingirlos.

Una manera de elogiar con verdadera sinceridad es verbalizar el motivo del halago. En lugar de decir: «Buen trabajo, Joe», es mucho mejor decir: «Joe, la manera en que has abordado la queja de este cliente es un buen ejemplo de la profesionalidad que nos gusta ver en este departamento».

Combinar las críticas con elogios

Cuando se le debe hacer una crítica a un trabajador, muchos supervisores intercalan el reproche con elogios. Esta actitud supuestamente debe hacer que la crítica sea más agradable. A menudo reduce el resentimiento que muchas veces acompaña a la censura. Sin embargo, si los únicos elogios que damos siempre se acompañan de algún tipo de comentario negativo, el halago pierde su sentido. Cuando el supervisor empiece a halagar a un trabajador, éste estará pensando: «Vale, ¿cuándo me va a decir lo que hago mal?».

Muchas veces la conversación transcurre así: «Sam, eres uno de nuestros trabajadores más productivos y te lo agradezco, *pero* cometes demasiados errores...». En cuanto Sam oye la palabra «pero», el elogio se borra de su mente. Sabe que las siguientes palabras serán críticas.

Barry lo soluciona sustituyendo el «pero» por «y»: «Sam, eres uno de nuestros trabajadores más productivos. Te lo agradezco, y podrías ser mucho más eficaz si mejoraras la calidad del trabajo. Vamos a ver qué podemos hacer juntos para ayudarte en esto».

La palabra «y» no tiene las connotaciones negativas del «pero». El trabajador retiene la agradable sensación del elogio y está abierto a que le aporten sugerencias para mejorar.

Temor a elogiar

Algunos directivos comentan: «Si elogio a los trabajadores que trabajan bien con más frecuencia que a los demás, ¿no puede considerarse favoritismo?».

No necesariamente. Cuando el reconocimiento está bien merecido y se da a todos los que se lo han ganado, no es favoritismo. Aquellos que no reciben halagos deberían darse cuenta de que no se lo merecen.

Otra preocupación habitual es la siguiente: «Cuando el rendimiento de alguien mejora significativamente, ¿es mejor elogiarlo más que a alguien que siempre ha trabajado bien?».

Los halagos excesivos pueden provocar que aquellos que siempre han rendido de la forma deseada sientan resentimiento. También el reconocimiento excesivo puede transmitir la idea de que esperamos que los logros excepcionales se conviertan en la norma. Debemos elaborar una manera de elogiar según las necesidades del socio en cuestión. Cuando esta persona alcanza el nivel esperado, debemos elogiarla por el logro y señalar que eso mismo es lo que están haciendo otros buenos trabajadores y que lo agradecemos. Debemos hacerlo delante de los demás compañeros para que todos sepan que este elogio se debe al hecho de haber alcanzado cierto nivel y no a un trabajo excepcional. Naturalmente, debemos otorgar un reconocimiento especial a las personas que trabajan todavía mejor.

Algunos directivos preguntan: «¿Deberíamos elogiar a los empleados que realizan un trabajo promedio de manera sistemática?». Todos necesitamos elogios, pero reconocer en especial el rendimiento rutinario es contraproducente, pues no proporciona incentivos para seguir mejorando. Ocasionalmente el supervisor podría felicitarlos por algún logro concreto o comentar su buen historial de asistencia. De todas formas no debería hacerse de manera regular o, de lo contrario, perderá su valor. Los elogios nunca deberían seguir un horario. «Hoy es día 14, es el día de elogiar a Kathy», sino expresarse en aquellos momentos en que las circunstancias los justifican.

Comunicar los elogios

Debemos ser inmediatos: el mejor momento de alabar es cuando ocurre el acontecimiento digno del elogio. Cuando Alice le entregó el informe a su jefe, éste inmediatamente la felicitó por haberlo terminado antes del plazo previsto. Después de leerlo volvió a felicitarla por su contenido.

También debemos ser específicos: como ya se ha mencionado, es conveniente que expresemos el motivo por el que estamos elogiando a la persona.

Podemos explicar su importancia para la empresa: «Como te has adelantado al plazo de entrega, nos has permitido completar este proyecto y resolver, para su satisfacción, el problema de nuestro cliente». Debemos animarlos a seguir haciendo un buen trabajo. «Hemos hecho un gran progreso en este trabajo y sé que seguiremos haciendo uso de tus excelentes habilidades para lograr nuestras metas».

Darles algo a lo que atenerse

Decir a las personas que agradecemos su trabajo es una gran idea, pero escribirlo es mucho mejor. El aura del elogio verbal se desvanece; una carta o una breve nota perduran en el tiempo. No tenemos que gastarnos mucho dinero ni nos lleva demasiado tiempo.

Escribir cartas de agradecimiento
En la A&G Merchandising Company de Wilmington, en Delaware, los líderes del equipo disponen de paquetes de tarjetas de «agradecimiento» en las que la palabra *Gracias* está impresa con una bonita letra en la parte frontal mientras que el interior está en blanco. Siempre que alguien hace algo que merezca un reconocimiento especial, el supervisor de esta persona escribe una nota en una de las tarjetas en la que detalla el logro y felicita al empleado por haberlo conseguido. Los destinatarios conservan las cartas y las muestran a sus amigos y familiares.

Placas y certificados
Independientemente del tipo de recompensa que demos a nuestros trabajadores –grande o pequeña (dinero, productos, entradas para un espectáculo o un evento deportivo, o un paquete vacacional, por ejemplo– vale la pena gastar un poco más para incluir un certificado o una placa. A los trabajadores les encanta colgar estos recuerdos en sus despachos u oficinas, sobre sus espacios de trabajo o en sus casas. El dinero y los productos se gastan, el viaje se convierte en un recuerdo del pasado, pero un certificado o placa es un recordatorio permanente del reconocimiento.

Motivar a los trabajadores menos productivos

¿Quiénes son nuestros trabajadores menos productivos? Son aquellas personas que cumplen los niveles mínimos de rendimiento pero que raras veces los exceden. No son tan malas como para despedirlas, pero realmente no dan de sí todo lo que podrían. Para los líderes, motivar a estas personas es un gran reto. ¿Por qué tenemos trabajadores poco rentables en nuestras empresas? He aquí algunas de las razones:

Mala selección

Debbie es administrativa y es una trabajadora poco productiva. Dado que escaseaban los administrativos, su jefa, Barbara, contrató a Debbie a pesar de que no cumplía con los requisitos del puesto de trabajo. Pese a que todavía estaba por debajo del rendimiento esperado cuando terminó el período de prueba, Barbara decidió conservarla.

«Por lo menos alguien está usando este ordenador –se justificó–, y seguiré trabajando con ella para que sea más productiva».

Seis meses después, a pesar de que Barbara le ha proporcionado una formación y una preparación adicional, Debbie sigue igual. No tiene la capacidad innata de ser verdaderamente productiva.

Una mala selección es una de las principales explicaciones de la baja productividad. Si fijamos unas especificaciones realistas para un empleo y no nos arriesgamos al contratar personal –aunque necesitemos desesperadamente cubrir ese puesto– aumentaremos las posibilidades de seleccionar personas que logren buenos resultados en el trabajo.

Sin embargo, por muy buenos que sean nuestros procedimientos de selección, se pueden cometer errores y que la persona contratada no esté a la altura. Por eso, los períodos de prueba son tan importantes. Durante este período el supervisor debería asegurarse de que el nuevo trabajador conoce lo que se espera que haga y los mínimos que debe cumplir. Debe esforzarse al máximo para ayudar a esta persona a cumplir los requisitos proporcionándole formación, preparación y una atención especial.

Debemos ser pacientes. A veces la baja productividad no se debe a la incapacidad, sino a una falta de comprensión de lo que se debe hacer. Cuando diseñemos un programa de formación para los nuevos trabajadores, debemos incluir los requisitos específicos y los horarios. Cabe asegurarse de que el aprendiz los conozca. Si no cumple los requisitos en el tiempo especificado, deberíamos trabajar con él para superar los problemas que hayan podido provocar esta situación.

Debemos hacer todo lo que podamos por rescatar al aprendiz, pero si no lo logramos, no es conveniente mantener a un trabajador que apenas cumple los requisitos mínimos. Una vez concluido el período de prueba, es mucho más difícil despedir a un trabajador poco productivo.

Buenos trabajadores cuyo rendimiento disminuye

Phil lleva seis años trabajando para la empresa. Su rendimiento siempre ha superado con creces el nivel mínimo y su supervisora, Lil, lo consideraba uno de sus mejores trabajadores. Hace unos pocos meses el rendimiento de Phil empezó a disminuir. Parecía haber perdido interés por el trabajo.

¿Por qué les ocurre esto a personas como Phil? A veces se debe a problemas personales. Uno no puede separar su vida personal de su trabajo. Si tiene serios problemas en casa, éstos afectarán a su trabajo.

En otras ocasiones se debe a injusticias reales o percibidas. Algunas personas ocultan profundamente su resentimiento, y éste se intensifica a menos que lo manifiesten y lo afronten.

En sus charlas con Phil, Lil descubrió que éste se había establecido ciertos objetivos relacionados con el trabajo que no estaba logrando. A pesar de que sus trabajos recibían elogios y sus críticas eran excelentes, no había alcanzado el lugar que esperaba en ese momento de su carrera.

Un supervisor debería conocer los objetivos de sus trabajadores y hacer lo que esté en sus manos por ayudarles a lograrlos. Debemos permitir que los trabajadores sepan lo que deben hacer para conseguir sus metas, como mantener un elevado nivel de rendimiento, tener una formación complementaria en el trabajo o en otro lugar, y mencionar el tiempo que podría tardar en conseguirlo. Si el trabajador no puede cumplir sus objetivos en este trabajo, juntamente con el supervisor, deberían determinar la forma de modificarlos para que puedan lograrse.

Aburrimiento

Durante años, Ann fue una de las mejores trabajadoras de su departamento. Sin embargo, ahora Ann estaba aburrida. Había estado haciendo el mismo trabajo durante tanto tiempo que ya no disfrutaba con él. Buscaba cualquier excusa para tomarse tiempo libre. Cuando estaba en el trabajo cotilleaba con sus compañeros, prolongaba sus descansos y rendía tan poco como podía.

Una manera de ayudar a los trabajadores que antes eran productivos a volver a serlo es enriqueciendo el trabajo con la combinación de las funciones que antes llevaban a cabo varias personas distintas, de manera que cada trabajador realice tareas un tanto más diversas. Otra forma es reestructurar el modo de realizar las tareas, lo cual se logra más eficazmente cuando el trabajador participa en la reestructuración. Las personas que trabajan en una empresa concreta pueden surgir muchas veces con ideas que hacen el trabajo más interesante y eficaz.

Otra manera de terminar con el aburrimiento es asignar al trabajador proyectos especiales. El cambio de ritmo es un buen antídoto para el aburrimiento.

Trabajadores desmotivados

Michael lleva veintidós años en la empresa y ocho en su actual puesto. Está contento con su trabajo, pero también reconoce que, debido a la naturaleza de éste y a la estructura de la organización de la empresa, es poco probable que ascienda. Su trabajo es bueno; sabe que nunca lo despedirán a menos que haga algo grave, de manera que, consciente o inconscientemente, decidió que no tenía sentido esforzarse en sus tareas. Simplemente seguiría esforzándose al mínimo hasta jubilarse.

La mayoría de empresas disponen de trabajadores de este tipo. Son buenos trabajadores que pueden contribuir a la productividad de la empresa, pero que sienten que ya han cumplido su papel. ¿Cómo podemos volver a motivar a estas personas?

Associated Products utiliza a estos trabajadores para probar nuevos productos. Cuando están a punto de introducir un producto nuevo, realizan una prueba de mercado en las ciudades importantes. En vez de contratar a una empresa dedicada a eso, asignan esta tarea a algunos de sus «veteranos». Estar implicados en un nuevo e importante papel, les muestra que se les tiene respeto y les da la oportunidad de hacer algo nuevo y diferente. Esta estimulación se mantiene cuando regresan a sus tareas habituales.

Otras empresas han utilizado a estos trabajadores veteranos como instructores y mentores de los nuevos empleados. Darles este tipo de responsabilidad les permite dedicarse más al trabajo y a la empresa y puede convertirlos en trabajadores productivos.

—A mis trabajadores no les importa lo más mínimo su trabajo. Si no los animo constantemente, no hacen nada —suspiró Al.

—Yo no tengo este problema. Mi equipo siempre está dispuesto a hacer cualquier esfuerzo necesario para conseguir terminar una tarea —respondió Carl.

¿Cuál es el motivo de las actitudes diametralmente opuestas de los trabajadores que supervisan cada uno de estos directivos? ¿Por qué el equipo de Carl está mucho más motivado que el de Al? Podría ser por el modo de dirigir del supervisor o por el trabajo en cuestión.

Los científicos conductistas generalmente afirman que, a pesar de que la motivación de los trabajadores aumenta con elementos como el reconocimiento, el agradecimiento, los retos y, por supuesto, el trato justo, el elemento que más motiva es el trabajo en sí. Por muy buen supervisor que sea Al, si sus empleados encuentran aburrido y poco desafiante su trabajo, éste tendrá dificultades para motivarlos. Al contrario, si los trabajadores de Carl disfrutan tanto de su trabajo que están impacientes por ir a trabajar cada mañana y detestan irse cada tarde, Carl apenas necesita nada más para mantenerlos motivados.

Enriquecer el trabajo

Por desgracia, un gran porcentaje de trabajos de hoy en día son meramente rutinarios y es difícil, si no imposible, crear entusiasmo por ellos. Una manera de evitar esta situación es enriqueciendo el trabajo.

Cuando Jennifer fue contratada para dirigir la sección de tramitación de reclamaciones de la aseguradora Liability Insurance Company, heredó un departamento con la moral baja que se manifestaba en una elevada rotación de personal, un alto absentismo y un descontento generalizado de los empleados. El proceso de tramitación de reclamaciones era una «cadena de montaje». Cada trabajador revisaba una sección del formulario de reclamaciones, se lo entregaba al siguiente trabajador, que revisaba la siguiente sección, y así sucesivamente. Si hallaban algún error o cuestión sobre la interpretación, dejaban el formulario a un lado para que lo revisara un especialista. Desde un punto de vista operativo, este mecanismo era sumamente eficiente. Sin embargo, hacía que el trabajo fuera aburrido y monótono. Jennifer reorganizó el método y enriqueció el trabajo con la eliminación de la «cadena de montaje». Cada empleado revisaba el formulario completo, corregía los errores y buscaba interpretaciones. Este método requirió proporcionar una formación complementaria y ralentizó el trabajo al principio, pero compensó con la creación de un equipo de trabajadores muy motivado que estaba realmente interesado por su trabajo. La rotación de trabajadores, el absentismo y la insatisfacción se redujeron significativamente, y en cuanto se instauró el nuevo método por completo, la velocidad y la precisión aumentaron.

Conseguir que los trabajadores se involucren

Si cultivamos la actitud de que las tareas que hay que realizar son el resultado del esfuerzo mutuo de la directiva y los trabajadores, y no de los «superiores» que ordenan a los «inferiores» que lleven a cabo una tarea, conseguiremos que el trabajo resulte más interesante y que los empleados se comprometan con más motivación para terminar las tareas.

Cuando la productividad que se espera es cuantificable, muchas empresas fijan cuotas de producción para sus trabajadores, especialmente en la sección de ventas y en muchos puestos de fabricación y de oficina. Denise dirige la sección de tratamiento de textos de su empresa. Ha fijado cuotas específicas para la mayor parte de sus proyectos de envío masivo de correos y puede medir el rendimiento de sus trabajadores según lo cerca que se hallen de llegar a dichas cuotas. Denise descubrió que ni siquiera sus mejores trabajadores superaban la cuota. Cuando intentó aumentar el número de cartas para enviar, sus trabajadores se resintieron e incluso se opusieron a ello.

A la hora de planear un nuevo proyecto, Denise pidió a sus trabajadores que lo estudiaran y propusieran los objetivos de producción en lugar de imponer ella misma una cuota. Para su sorpresa, fijaron cuotas más altas de lo que ella habría propuesto.

Los directivos y los trabajadores deberían fijar conjuntamente las cuotas y/o los objetivos que sean alcanzables y aceptables para ambos. Cuando una persona ha participado en el establecimiento de cuotas, se siente más comprometida y trabaja de buen grado para asegurarse de cumplirlas.

En su libro *Cómo ganar amigos e influir sobre las personas,* Dale Carnegie anticipó lo que más adelante anunciaron los científicos conductistas. Escribió: «A nadie le gusta sentir que le están vendiendo algo o que le están diciendo lo que debe hacer. Preferimos mucho más sentir que compramos algo por decisión propia o que actuamos según nuestras propias ideas. Nos gusta que nos consulten sobre nuestros deseos, anhelos y pensamientos».

Lo más importante
Ocho maneras de dar a las personas aquello que esperan de su trabajo

1. Permitirles que conozcan su progreso.
2. Ayudarlas a mejorar con formación y orientación.
3. «Mostrar nuestro agradecimiento de manera generosa y ser generosos con nuestros elogios».
4. Explicarles por anticipado los cambios que les afectarán y, si es posible, por qué se realiza dicho cambio.
5. Sacar el máximo provecho de las habilidades de cada persona.
6. Buscar aquella habilidad que no está utilizando y ayudar a la persona que la posee a desarrollarla y utilizarla.
7. No impedir nunca a una persona su oportunidad de progresar.
8. Darles más libertad para controlar su forma de llevar a cabo su trabajo. Animarlas a proponer mejores métodos y enfoques.

Cinco consejos para elogiar eficazmente

Si bien los elogios son muy importantes para motivar a los trabajadores, no siempre dan buenos resultados. Algunos supervisores elogian cualquier actividad de poca importancia, reduciendo así el valor de los halagos por los verdaderos logros.

Otros supervisores elogian de tal manera que parece falso. A fin de que los elogios cobren significado, podemos seguir estas indicaciones:

1. *No halagar excesivamente.* Los elogios son dulces; los caramelos también, pero cuantos más comemos, menos dulce nos parece cada uno, y tal vez luego nos duela el estómago. Demasiados elogios reducen el beneficio que se deriva de cada uno de ellos; si se pronuncian de manera excesiva, pierden todo su valor.

2. *Ser sinceros.* No podemos fingir la sinceridad. Debemos creer verdaderamente que estamos elogiando a nuestro asociado porque es encomiable. Si no nos lo creemos nosotros tampoco lo hará él.

3. *Especificar el motivo del elogio.* En lugar de decir: «¡Buen trabajo!» es mejor comentar: «El informe que has escrito sobre el tema XYZ me ha hecho comprender mejor la complejidad del asunto».

4. *Pedir consejo a nuestros asociados.* Nada es más halagador que cuando se nos pide consejo sobre cómo abordar una situación. Precaución: nos puede salir el tiro por la culata si no seguimos su consejo. Si tenemos que descartarlo, debemos hacer preguntas a la persona sobre su propuesta hasta que ella misma vea sus propias limitaciones y se lo vuelva a pensar.

5. *Elogiar públicamente.* Mientras que una reprimenda debería darse siempre en privado, un elogio debería verbalizarse (siempre que sea posible) en público. Algunas veces elogiamos en privado, pero habitualmente es mejor hacerlo delante de todo el equipo. Cuando los demás miembros escuchan el elogio que hacemos a un compañero, se animan a trabajar para lograr un reconocimiento similar. En algunos casos, el elogio por los logros significativos puede hacerse frente a un público más amplio, como en reuniones o eventos de la empresa.

El mejor elemento motivador

Los científicos conductistas generalmente afirman que, a pesar de que la motivación de los trabajadores aumenta con elementos como el reconocimiento, el agradecimiento, los retos y, por supuesto, el trato justo, el elemento que más motiva de todos es el trabajo en sí. El trabajo puede tornarse repetitivo, aburrido y monótono. Algunas maneras de evitarlo es rediseñar tareas que proporcionen diversidad, desafíos y compromiso.

Nuestros asociados deben participar en las etapas de planificación de las nuevas tareas. Es aconsejable lograr su aportación sobre las cuotas de producción o de venta, los métodos y los niveles de rendimiento. Cuando las personas sienten su «propio» trabajo, es más probable que dediquen todos sus esfuerzos a lograr el objetivo.

Capítulo 4

Proporcionar personal a nuestra empresa

La mayoría de directivos piensan que buscar a alguien para un puesto vacante de su departamento es una molesta distracción de su verdadera función. El tiempo, la energía y el desgaste emocional que implica el proceso de contratación los desvía de sus responsabilidades habituales, añade horas extra a su día y, lo peor de todo, temen que harán la elección equivocada y tendrán que pasar nuevamente por todo el proceso en pocos meses.

En la mayoría de grandes organizaciones y en muchas empresas más pequeñas, el departamento de recursos humanos se encarga de contratar y seleccionar nuevos trabajadores. Sin embargo, incluso aunque ése sea el caso, los supervisores y los directivos tienen que participar en el proceso. Casi siempre entrevistan a los futuros empleados. Después de todo, son ellos a quienes obedecerán las personas contratadas y los responsables de su éxito o fracaso.

En algunas empresas tal vez no haya un departamento de recursos humanos o, si hay uno, está en la oficina central, de manera que los directivos de las sucursales se ven obligados a hacer ellos mismos el proceso de selección.

Por desgracia, a pesar de que estos directivos generalmente están capacitados para llevar a cabo las tareas de su propia especialidad, no tienen la preparación ni la experiencia necesaria para realizar esta tarea con éxito. Esta situación ha dado lugar a infinitos errores; como mínimo, al desperdicio del tiempo y de los propios esfuerzos y, a lo sumo, a la contratación de personas que estaban condenadas a fracasar.

Como supervisores o directivos no podemos pasar por alto este aspecto de nuestro trabajo. Los hombres y las mujeres que contratamos contribuirán a nuestro éxito o al cumplimiento de nuestros objetivos.

Elaborar requisitos realistas para el puesto de trabajo

La selección de las personas con quienes tendremos que trabajar y de quienes dependeremos para realizar las tareas será más eficaz si iniciamos la búsqueda con una especificación realista de los requisitos para el puesto de trabajo.

Debemos analizar el puesto detenidamente y determinar la formación que debería tener el nuevo empleado. A medida que enumeramos cada requisito deberíamos preguntarnos: «¿Es realmente necesario para este puesto?».

Jeff estaba buscando a alguien para el cargo de representante de servicio al cliente. Una de las especificaciones que determinó para este puesto era tener un título universitario. ¿Es realista? Sin duda, contratar a un licenciado para este empleo tiene ciertas ventajas, pero ¿para este trabajo realmente se necesitan las habilidades que se adquieren en la universidad? ¿Podría una persona con menos estudios realizar igual de bien este trabajo?

Cuando le preguntaron a Jeff por qué buscaba a un licenciado para esta vacante, respondió: «¿Por qué no? Hay muchos titulados universitarios que buscan trabajo y yo también podría sacar partido de ello y lograr lo mejor que pueda».

¿Es sensata esta respuesta? Pedir más educación (o cualquier otra cualificación) de la que realmente se necesita supone más inconvenientes que ventajas. Seguramente conseguiremos personas más inteligentes o más creativas, pero dado que este puesto no supone un desafío para ellas, probablemente no rendirán tanto como lo harían personas con menos estudios. Los individuos que aborrecen el trabajo son aquellos que se vuelven quejicas, se ausentan con frecuencia y dejan el trabajo después de una breve permanencia. Lo más importante es que, si únicamente nos fijamos en el aspecto equivocado de su formación, tal vez obviemos al mejor candidato posible para el empleo.

Cuando a Lynn le dieron el visto bueno para contratar a otro contable en su equipo, le dijo al departamento de recursos humanos que necesitaba a alguien con diez años de experiencia, como mínimo, en administración o contabilidad. ¿Es esto realista? Cuando le preguntaron por qué exigía diez años de experiencia, respondió: «Cuanta más experiencia tenga, más sabrá y, por tanto, será más productivo en el menor tiempo posible».

¿Siempre hay una correlación directa entre los años de experiencia y la pericia? No necesariamente. Todos conocemos a personas que han tenido el mismo empleo durante diez años pero que sólo tienen el equivalente a un año de experiencia. También conocemos a otras que han adquirido grandes habilidades en un período muy breve de tiempo.

Cuando Lynn reconoció que los años de experiencia no eran necesariamente una forma de medir la pericia, volvió a pensarse los requisitos. En lugar de pedir diez años de experiencia, enumeró una lista de características que debería tener el nuevo empleado y lo destacado que debía ser en cada una de ellas. Al preguntar a los aspirantes cuestiones específicas sobre cada uno de estos aspectos, fue capaz de determinar en la entrevista lo mucho que sabían y lo que habían hecho en cada una de las áreas importantes para el puesto.

¿Significa esto que los años de experiencia no cuentan para nada? No. Normalmente, la única manera que tiene una persona de adquirir las habilidades necesarias para un trabajo es, de hecho, trabajando en un puesto similar. Sin embargo, si prestamos más atención a *aquello que han logrado* en lugar del tiempo que han estado ocupando un puesto determinado, tomaremos decisiones más acertadas a la hora de contratar personal.

Otro requisito que a menudo encontramos en las especificaciones para un puesto es que se debe tener experiencia en «nuestro sector». Es cierto que normalmente las habilidades y el conocimiento sobre un trabajo sólo pueden adquirirse en empresas que llevan a cabo tareas similares, pero hay muchos trabajos en los que la formación en otros sectores es sumamente valiosa y puede ser incluso mejor, pues el nuevo empleado no estará limitado por la tradición y podrá aportar conceptos creativos e innovadores.

Limitar la población de la que podemos elegir a nuestro nuevo trabajador únicamente a aquellas personas de un sector, no sólo puede ocasionar que perdamos buenos trabajadores, sino que el puesto permanezca vacante durante un largo período de tiempo. La directora de recursos humanos de Associated Health Aids estaba frustrada. Habían pasado seis meses desde que el asistente administrativo del vicepresidente de marketing había dejado su puesto y aún estaba vacante. El problema era que el vicepresidente insistía en que su asistente debía tener experiencia en el campo de la ayuda sanitaria. No había aparecido nadie con este tipo de experiencia. Cuando le preguntaron por qué exigía esta formación, el vicepresidente dijo que su administrativo debía conocer la jerga de la profesión. ¿Cuánto tardaría alguien que no estuviera familiarizado en aprender esta jerga? Probablemente dos o tres meses. Sin embargo, la empresa ya llevaba seis meses buscando cubrir ese puesto, cuando en un máximo de noventa días la carencia en este requisito «esencial» ya se podría haber suplido.

A fin de evitar caer en las trampas habituales cuando determinamos las especificaciones del puesto, debemos analizar detenidamente los trabajos. Podemos preguntarnos: «¿Qué conocimientos debe tener el solicitante que yo no tenga o que no quiera perder el tiempo en enseñarle?». Éstas deberían ser las especificaciones básicas para esta vacante.

Si hay muchas personas que solicitan un puesto, deberíamos determinar también qué elementos tienen preferencia. Éstos pueden ayudarnos a elegir entre solicitantes que disponen de las mismas características esenciales. Pero incluso cuando establezcamos los elementos preferenciales, debemos asegurarnos de ser realistas y no descartar buenos candidatos. Por ejemplo, no sería muy sabio dar preferencia a un licenciado cuando esta formación realmente no es importante para el trabajo.

Una parte crucial de cualquier especificación de los requisitos para un trabajo es la indicación de los elementos intangibles, a menudo más importantes que los tangibles para contratar a la persona adecuada. Por supuesto que a todos nos gustaría contratar personas muy inteligentes, creativas, honradas, leales, con actitudes positivas, entusiasmo, etcétera. Sin embargo, cuando enumeramos los aspectos intangibles necesarios para un trabajo, debemos asegurarnos de que adoptamos la perspectiva adecuada a fin de que tengan relación con este puesto. Si el trabajo requiere tener habilidades comunicativas, debemos especificar cuáles son necesarias: ¿Saber comunicarse cara a cara? ¿Tener la habilidad de hablar ante grupos? ¿Saber comunicarse por teléfono? ¿Saber escribir cartas y memorandos? ¿Saber crear ejemplares o folletos publicitarios? ¿Saber utilizar el PowerPoint u otras técnicas de comunicación informáticas?

Si el trabajo precisa que uno sepa «prestar atención a los detalles», debemos especificar de qué tipo de detalles se trata. Si el puesto requiere trabajar bajo presión, debemos indicar qué tipo de presión: ¿Cumplir plazos de entrega diarios? ¿Ocasionales? ¿Condiciones laborales desagradables? ¿Un jefe severo? Analizar y describir los elementos intangibles necesarios es tan importante como analizar y describir la educación, la experiencia y las habilidades que se requieren.

Si determinamos especificaciones realistas y evaluamos a nuestros solicitantes para comprobar que cumplen con estos requisitos, proveeremos nuestra sección de personal cualificado para formar el equipo que necesitamos a fin de lograr nuestras metas y objetivos.

Examinar a nuestros candidatos

En cuanto hemos determinado las especificaciones, debemos empezar nuestra búsqueda de candidatos. Las personas que trabajan en nuestra empresa a menudo conocen a otras que pueden estar cualificadas para los puestos vacantes.

Ascender o transferir a un empleado actual a un nuevo puesto es encomiable y debería fomentarse. Los candidatos internos son personas a quienes conocemos. La empresa los ha visto actuar, conoce sus virtudes y debilidades, sus peculiaridades, sus hábitos de trabajo, su asistencia y puntualidad y todos los pequeños detalles que destapan meses o años de observación. También es positivo para la moral y la motivación del trabajador. El problema, sin embargo, es que limita los candidatos a un puesto a los empleados actuales. En este mundo tan competitivo, una empresa debería intentar buscar los mejores candidatos para los puestos vacantes, y esta persona tal vez no esté en nuestra plantilla actual.

Hubo una época en la que las empresas se jactaban de contratar a un oficinista cuando un presidente se jubilaba. Todos ascendían a un nivel superior. Es probable que en una empresa grande haya muchos trabajadores competentes que estén disponibles para cubrir las nuevas vacantes y, por supuesto, deberían tenerse en cuenta. Sin embargo, una búsqueda de candidatos externos puede darle a la empresa las habilidades y la pericia de que carece, así como nuevas ideas que a veces pasan desapercibidas para las personas de la empresa.

Charlie empleó un gran número de fuentes cuando tuvo una vacante en su sección y recibió más de treinta currículos. Todos parecían aptos. ¿A quiénes debía citar para una entrevista? Cuando examinemos currículos, debemos fijarnos en lo siguiente:

1. ¿El solicitante cumple con los requisitos básicos?
No vale la pena perder el tiempo llamando a candidatos que no cumplan con los requisitos esenciales para el trabajo.

2. Buscar omisiones

Muchos currículos obvian las fechas de cada empleo. Esta omisión tal vez sea para ocultar los períodos de desempleo o para dar la impresión de tener más o mejor experiencia de lo que se tiene en realidad. Una manera de abordar esto es disponer de formularios de solicitud de empleo para rellenar. Podemos enviarlos por correo y leerlos antes de determinar a quién vamos a entrevistar. Si es urgente cubrir el puesto de trabajo, podemos llamar o enviar un correo electrónico a los solicitantes que nos interesan para obtener la información que nos falta.

3. Buscar incongruencias

Un solicitante puede afirmar tener mucha formación en un área y que las empresas para las que ha trabajado no pertenezcan a ella. Por ejemplo, el currículo de Jack exageraba su formación en el comercio de productos de consumo envasados pero, de sus diez años de experiencia, sólo dos —y hacía varios años— eran en empresas orientadas al consumidor.

4. Buscar progresos

¿A lo largo de los años que lleva en activo, el candidato ha realizado progresos en términos de ascenso y de ganancias?

Podemos comparar en qué medida el historial de los candidatos se relaciona con los requisitos del puesto y, luego, seleccionar al mejor para el siguiente paso: la entrevista de trabajo.

જ

Cuando hablamos con otra persona, debemos escuchar atentamente.
No tenemos que adoptar una actitud aburrida ni permitir que expresiones
del tipo: «lo sabía» se esbocen en nuestras facciones.

Dale Carnegie

જ

Sacar el máximo provecho de una entrevista

He aquí algunas ideas sobre cómo realizar una buena entrevista. Después de lograr que el aspirante se sienta cómodo con un saludo amistoso y unos pocos comentarios sobre aspectos no controvertidos de su formación, podemos empezar la entrevista estructurada con algunas *preguntas abiertas*.

«Cuénteme su experiencia con la empresa XYZ».

«¿Qué experiencia tiene en análisis de ventas?».

«Describa su proyecto más reciente».

A partir de sus respuestas, debemos centrarnos en los aspectos clave de su formación en esta área y *hacerle preguntas específicas* sobre detalles que haya realizado y cumplido.

En respuesta a la pregunta sobre su proyecto más reciente, Mae comentó que había llevado a cabo un estudio de mercado sobre el potencial de un nuevo producto. Algunas preguntas específicas para elaborar y verificar lo que realmente hizo podrían ser: ¿Cómo obtuvo los datos necesarios? ¿Qué problemas halló al tratar de lograr la cooperación de los demás participantes? ¿Cómo los solucionó? ¿Cuál fue el resultado? Describa los pasos que efectuó en su análisis. ¿Cuál fue el aspecto más difícil del proyecto?

Si realizamos preguntas específicas sobre el proyecto en vez de limitarnos a aceptar sus declaraciones, obtendremos una visión más clara de su verdadera experiencia y no las habituales generalizaciones que tan frecuentemente se consiguen en una entrevista de trabajo, y eso nos ayudará a identificar los verdaderos logros del candidato.

Evaluar las características personales

No sólo contratamos las habilidades laborales de una persona, sino también los rasgos individuales que ésta lleva al trabajo. Una persona con buen aspecto, encanto, elocuencia y una actitud agradable nos proporciona una impresión tan buena que estaremos demasiado influidos por su apariencia. Para determinar la verdadera personalidad del aspirante debemos indagar debajo de su apariencia.

Con frecuencia podemos destapar rasgos de personalidad con «preguntas situacionales». Una pregunta situacional es aquella en la que se pide al candidato que responda cómo abordó determinados problemas delicados en el pasado o cómo se enfrentaría a situaciones hipotéticas. Por ejemplo: «Un cliente llama colérico. La entrega que se le prometió no ha llegado y todo el calendario de producción de este cliente corre peligro. ¿Cómo se encargó (o se encargaría) de esto? De la respuesta podremos determinar la honradez del candidato (¿mentiría sobre la entrega?), su tacto (¿fue diplomático?) o su actitud (¿fue leal con la empresa?).

Dado que la entrevista generalmente es el primer instrumento que se utiliza para tomar una decisión respecto a la contratación de una persona, es importante que proporcione al entrevistador la información y las impresiones necesarias para tomar dicha decisión. He aquí diez trampas en las que caen muchos entrevistadores y que les impiden descubrir realmente todo aquello que deberían saber sobre las personas que están considerando contratar.

1. *No estructurar la entrevista*: cuando Bill regresó de una entrevista con el jefe de contabilidad de Groody Gumdrop Candy Co., estaba convencido de que el entrevistador no había sacado casi nada de la entrevista. Bill explicó que el jefe de contabilidad había saltado de un tema a otro; primero habló de su educación y luego de algunas etapas de su experiencia laboral, luego volvió a hablar sobre la escolarización, las actitudes, más tarde sobre los objetivos del trabajo y, finalmente, realizó más preguntas sobre la experiencia laboral. Demasiadas entrevistas no son más que una conversación informal. A fin de que las entrevistas resulten más eficaces, el entrevistador debería seguir un patrón determinado que le permita tratar todos los aspectos destacados sistemáticamente. Carece de importancia si empezamos preguntando sobre

la educación, el primer empleo, el último trabajo o los objetivos, siempre y cuando hayamos determinado una estructura y la sigamos para cubrir toda la información.

Sin embargo, debemos ser flexibles con la estructura para no olvidar explorar algunas áreas de interés sólo porque no encajen en nuestro plan de la entrevista.

2. *Entrevistar para el empleo equivocado*: algunos entrevistadores no prestan la suficiente atención a los requisitos del empleo. Barbara solicitó un puesto de analista. El entrevistador le hizo todo tipo de preguntas sobre todos los aspectos administrativos de recursos humanos, pero no sobre el puesto de analista. Antes de una entrevista debemos analizar los requisitos, familiarizarnos con los detalles y las repercusiones y formular preguntas que saquen a relucir aquellos aspectos de la formación del aspirante que indiquen su conocimiento (o falta del mismo) sobre estos requisitos.

3. *Dejar que el aspirante domine la entrevista*: un aspirante inteligente puede dominar tanto la situación que puede explicarnos únicamente sus aspectos más favorables y arreglárselas para infravalorar sus aspectos negativos. El buen entrevistador debe permanecer al mando. Cuando tenemos un aspirante que no nos deja hablar, que desvía nuestras preguntas para ajustarse a sus propios deseos y que añade información que no es relevante pero que engrandece su formación, debemos *interrumpirlo*. Podemos decir: «Eso que dice es muy interesante, sin embargo, le importaría darme detalles concretos sobre... (e indicar el área específica)». La mejor manera de contrarrestar el intento de un aspirante de dominar es insistiendo en que responda a las preguntas que satisfagan nuestra necesidad informativa.

4. *Jugar a ser Dios*: una de las principales quejas que tienen muchos solicitantes sobre los entrevistadores es que se creen superiores a

ellos. Actúan de un modo tan superior que se sienten incómodos. Como el entrevistador tiene el poder de contratar o, por lo menos, de que se tenga en cuenta al aspirante, hay una tendencia a «jugar a ser Dios» y a saborear con aire de suficiencia este poder. Un poco de humildad resultará en una mejor relación, una entrevista más eficaz y nos brindará más amigos, tanto a nosotros como a nuestra empresa.

ɔ

No debemos asumir un aire de importancia. Nunca tenemos que permitir que la otra persona se sienta inferior a nosotros en ningún aspecto.

Dale Carnegie

ɔ

5. *Indicar la respuesta correcta:* algunos entrevistadores tienen tanta prisa en cubrir la vacante que acaban ayudando al solicitante a responder las preguntas correctamente. Les señalan la respuesta que esperan escuchar: «Este puesto requiere la habilidad de tratar con gente. Usted tiene esta capacidad, ¿no es cierto?». Jamás nadie dirá que no.

6. *Cohibir al aspirante:* cuando entrevistaron a Henry, no tuvo ni una sola oportunidad para hablar de sus cualificaciones. Primero el entrevistador le habló de la empresa, después del puesto vacante y, finalmente, de su propio trabajo. Cuando, por fin, le dirigió una pregunta, interrumpió a Henry antes de que éste pudiera terminar de contestar. Una entrevista es una conversación de doble sentido. Si sólo una persona la domina —sea el aspirante o el entrevistador— no logrará su finalidad. Susan abrumó al aspirante de otra manera: anotaba todo lo que éste decía. Está bien anotar algunas cosas, pero una transcripción literal intimidará al aspirante e impedirá que el entrevistador preste toda su atención a lo que dice.

7. *Jugar a ser fiscal de distrito:* a Martin le encantaba entrevistar a gente. Su mayor placer consistía en detectar alguna incoherencia. Repetía las mismas preguntas formuladas de diferentes maneras para asegurarse de que la respuesta siguiera siendo la misma. Si encontraba un «error», se abalanzaba sobre su presa. Presumía de cuántos farsantes había desenmascarado, sin embargo, en su mayoría, las incoherencias eran intrascendentes y no sólo perdió a posibles buenos empleados, sino que además causó una mala impresión a los aspirantes que entrevistó.

8. *Jugar a ser psicólogos:* por mucho que cursáramos Fundamentos de Psicología en la universidad, eso no nos cualifica para ejercer de psicólogos. Algunos entrevistadores asumen que tienen mucho más conocimiento en psicología del que realmente tienen. Buscan significados ocultos en todo lo que dice el aspirante. Atribuyen motivos freudianos a su experiencia laboral, a sus relaciones familiares, a sus actitudes e incluso a los comentarios triviales del aspirante. El hecho de que no estén verdaderamente capacitados para hacer estas evaluaciones no les preocupa en absoluto. Están tan absortos en sus «evaluaciones psicológicas» que no consiguen determinar si el solicitante es apto para el puesto o no.

9. *«Enamorarse» del solicitante:* a veces, un entrevistador se queda tan impresionado con un aspecto de la presentación del aspirante que ése acaba dominando la evaluación. Puede ser la apariencia o el carisma de la persona, o bien el hecho de que posee una habilidad particular que la empresa necesita. Aunque ese rasgo sea digno de admiración, puede haber otros aspectos del currículum del aspirante que lo invaliden. Un buen entrevistador reconocerá el hecho de que ese encanto o esa capacidad supone una ventaja, pero siempre desde una perspectiva objetiva. Una entrevista bien estructurada que permita una evaluación detallada de cada factor relevante ayudará a evitar este problema.

10. Olvidarse de comprobar los detalles: a George le hicieron una serie de preguntas acerca de si tenía experiencia en diferentes ámbitos de su campo. Contestó a cada una afirmativamente, pero, para su sorpresa, el entrevistador aceptó sus respuestas sin comprobar el alcance de su conocimiento en cada ámbito. Fácilmente, George podría haber tergiversado su currículum, facilitando información falsa. Una entrevista bien elaborada requiere una exploración minuciosa del conocimiento del candidato. Uno debe estudiar los requisitos relativos al puesto y formular las preguntas en función de aquello que se espera para cumplir con tales requisitos.

Al planificar la entrevista detenidamente, manteniéndonos al corriente de los posibles escollos y evitándolos, podemos hacer que las entrevistas sean más significativas y que nuestras decisiones sean más acertadas.

ര

No debemos interrumpir a nuestro interlocutor mientras habla. Debemos dejar que diga todo lo que tenga que decir. Al interrumpirlo, estamos insinuando que no merece la pena escuchar lo que dice.

Dale Carnegie

ര

Verificar

Siempre que sea posible, debemos contactar con los antiguos empleadores del aspirante que nos interese para verificar si es correcto lo que nos ha explicado. Para obtener información significativa, en lugar de hablar con el departamento de recursos humanos, es mejor intentar contactar con el supervisor inmediato del solicitante. Éste tuvo la oportunidad de observar al candidato diariamente, mientras que, en la mayoría de los casos, los miembros de recursos humanos sólo disponen de los datos que hay en los archivos.

Cada vez más y más empresas son reacias a la hora de facilitar información a los demás acerca de antiguos trabajadores, sin embargo, merece la pena intentarlo. Una manera de atenuar la actitud reacia a proporcionar datos es enfatizar que pretendemos *verificar* información en lugar de obtenerla. Antes de llamar, conviene preparar una serie de preguntas basándonos en la solicitud del aspirante, su currículum y las anotaciones que tomamos durante la entrevista. Debemos asegurarnos de elegir los aspectos relevantes para conseguir la máxima información posible en un período de tiempo limitado.

Seleccionar las mejores personas

Hemos leído cientos de currículos, hemos entrevistado a docenas de candidatos y los hemos reducido a tres o cuatro personas, de las cuales todas disponen de una experiencia laboral excelente y de los requisitos necesarios para el puesto que queremos cubrir. ¿A cuál de ellas deberíamos contratar? Los directivos se enfrentan a este dilema cada vez que hay un puesto vacante. Tenemos que tomar esta decisión basándonos en las características personales que hacen que una persona destaque entre las demás. Las personas con un encanto especial tienen más probabilidad de ser elegidas que aquellas que carecen de este rasgo intangible.

La experiencia ha demostrado que, a menos que estas características sean superficiales o artificiosas, son un indicador fiable de la aptitud para un trabajo. Son los factores humanos que hacen que una persona sea capaz de trabajar bien con nosotros, con sus compañeros y con otras personas dentro y fuera de la empresa con las que interactuará.

El aspecto

En la mayoría de contactos que establecemos con las personas, reaccionamos inmediatamente ante su aspecto. Una persona cuyas características físicas, vestuario y presencia son agradables, pulcras y atractivas empieza con buen pie la mayoría de relaciones personales. Ello no quiere decir que debamos juzgar un libro solamente por su portada, o que tengamos que dar prioridad a las personas atractivas. La pulcritud, un rostro agradable y el buen gusto para el vestuario son importantes. Sin embargo, hay que procurar no dar excesiva importancia a las apariencias.

Barbara es una mujer joven muy atractiva. A lo largo de los últimos cinco años, ha trabajado de representante comercial en cuatro empresas distintas... y ha fracasado en todas. El director comercial se quedó tan impresionado por su atractivo físico que supuso que daría una impresión favorable a los posibles clientes y sería una buena vendedora. Sin embargo, Barbara ofrecía poco más que su aspecto. Estaba tan acostumbrada a apañárselas dependiendo exclusivamente de su apariencia que nunca había tenido que esforzarse demasiado.

No debemos interpretar esto como si no hiciera falta tener en cuenta el aspecto. Muchas personas atractivas también disponen de la habilidad, la iniciativa y la capacidad para trabajar bien. Sin embargo, puesto que muchas personas tienden a atribuir más importancia de lo debido a la apariencia, deberíamos mirar más a fondo todos los aspectos de una persona especialmente atractiva antes de tomar una decisión.

Favorecemos a personas afines a nosotros

Los socios de Tom eran todos compañeros de la facultad. Aunque Beth, originaria de Iowa, trabajaba en Chicago, tres de sus miembros de personal también eran de allí. Cuando se les preguntó a

Tom y Beth por qué habían seleccionado a estas personas, adujeron a sus cualificaciones rasgos de personalidad e inteligencia, pero ninguno de los dos consideró como factor la semejanza de sus orígenes.

Inconscientemente, tendemos a favorecer a la gente cuyo trasfondo cultural se parece al nuestro. El trato con personas con las que tenemos en común experiencias o lugares nos proporciona cierta comodidad. Ello puede suponer una ventaja para que la relación laboral se desarrolle con mayor rapidez y facilidad; sin embargo, puede llevarnos a seleccionar a un candidato menos cualificado. Otra limitación que existe cuando todos los miembros de un equipo tienen trasfondos análogos reside en su inclinación a pensar de forma similar y, por consiguiente, a estar menos expuestos a nuevas ideas.

Confianza en uno mismo

Cuando entrevistaron a Frank, transmitía confianza en sí mismo. No temía hablar sobre sus fracasos y, a diferencia de otras personas que intentan impresionar al entrevistador jactándose de sus logros, Frank era muy fiel a la verdad a la hora de hablar de sus éxitos. Dio la impresión de sentirse totalmente seguro de sus habilidades. Es probable que Frank también manifieste esta confianza en el trabajo, lo que le permite adaptarse rápidamente a la nueva situación.

Fluidez en la expresión

Laura se mostró capaz de explicar su experiencia con facilidad y fluidez. No vaciló ni se detuvo buscando palabras. Cuando el entrevistador se puso a comprobar los detalles, ella tenía a mano estadísticas, ejemplos y aplicaciones específicas. Esto no sólo indica su profesionalidad, sino también su capacidad comunicativa —un ingrediente esencial para muchos trabajos.

Con todo, existen también personas con mucha labia, muy elocuentes pero que sólo disponen de conocimientos o experiencias superficiales. Sencillamente, se aprenden de memoria la terminología del campo en cuestión. Para determinar si un candidato habla más de lo que hace, conviene indagar con mayor profundidad y pedir ejemplos concretos de su experiencia laboral. Los que son meros charlatanes no sabrán dar respuestas coherentes.

Mantener una actitud alerta

Diane fue brillante en la entrevista. Reaccionó a las preguntas y comentarios con sus expresiones faciales y gestos. Es evidente que se mantuvo alerta. Los aspirantes que están atentos y que tienen chispa suelen ser personas dinámicas y apasionadas que dan todo en el trabajo.

Madurez

La madurez no se puede medir en función de la edad cronológica de la persona. Una persona joven puede ser muy madura y una mayor tal vez siga manifestando emociones típicamente infantiles. Los aspirantes realmente maduros no son hostiles ni están a la defensiva. No interpretan las preguntas como si fueran trampas tendidas por un «fiscal dispuesto a pillarlos». No muestran autocompasión ni justifican todos sus fracasos del pasado. Están dispuestos a hablar tanto de sus debilidades como de sus puntos fuertes.

Sentido del humor

Evan era un amargado. No sonrió ni se relajó en ningún momento durante toda la entrevista. Ni siquiera reaccionó cuando intentamos suavizar la situación con un comentario humorístico. Esto puede deberse al nerviosismo, sin embargo, lo más probable es que Evan sea una de esas personas muy serias que nunca perciben el lado bueno de las cosas. Resultan difíciles de supervisar y son incapaces de trabajar en equipo. Es más fácil y mucho más divertido trabajar con una persona que tiene sentido del humor.

Por otro lado, los aspirantes que son excesivamente frívolos, que cuentan chistes inapropiados, se ríen a carcajadas o actúan de manera contradictoria, posiblemente sean inmaduros.

Inteligencia

Si bien los test pueden evaluar algunos aspectos de la inteligencia, en una entrevista es posible detectar en gran medida el tipo de inteligencia de una persona. Si el trabajo requiere la capacidad de reaccionar rápidamente frente a nuevas situaciones (por ejemplo, en las ventas), una persona que contesta las preguntas con rapidez y sensatez dispone del tipo de inteligencia necesaria para el trabajo.

Sin embargo, si la persona está aspirando a un trabajo en el que es importante reflexionar sobre una cuestión antes de responder (por ejemplo, un ingeniero de investigación), una respuesta lenta pero bien pensada puede ser indicativa del tipo de inteligencia que se requiere.

Vigilar con el «efecto halo»

Rob es un genio de la informática. Sea cual sea el tipo de problema que le presenten, siempre y cuando se pueda resolver con un ordenador, él se las arreglará para desarrollar el programa adecuado. Sus jefes se habían quedado tan impresionados por su habilidad que lo ascendieron a un cargo que implicaba tomar decisiones que no se podían resolver por medio de un ordenador. Asumieron que si era tan bueno en un campo, tenía que serlo en todos.

Lo opuesto recibe el nombre de «efecto halo invertido». La persona en cuestión tiene un defecto que domina nuestra evaluación hasta tal punto que dejamos de ver sus puntos fuertes.

Para evitar el prejuicio de los efectos halo, halo invertido o cualquier otro enfoque limitado de la evaluación, deberíamos observar a la persona en su totalidad en lugar de ver sólo los rasgos dispares.

Buscar los buenos resultados

«El pasado es el prólogo». A la hora de seleccionar personas para un nuevo puesto, tanto si se trata de una promoción interna como si contratamos a personas externas, el factor más importante es su historial. Las personas exitosas tienden a seguir siendo exitosas. Las que tienen un historial mediocre tienden a repetir su mediocridad. Si evaluamos lo que ha logrado el candidato en trabajos o proyectos anteriores, nos podremos hacer una idea de lo que puede llegar a lograr en una situación nueva. A fin de determinar y evaluar sus buenos resultados, podemos preguntar al candidato cuáles considera que han sido sus principales contribuciones a sus anteriores empleos. Cuando Lee solicitó un trabajo en el departamento de ventas, no tenía experiencia en ese campo, pero sus buenos resultados en su trabajo anterior como administrativo mostraron que era capaz de abordar y resolver problemas complejos de una gran variedad de campos. El director de ventas admitió que esa habilidad representaba una ventaja importante para el sector comercial, de modo que seleccionó a Lee y descartó a otras personas con más experiencia. A los pocos meses, Lee demostró que sus buenos resultados seguían manifestándose en su nuevo cargo y estaba a punto de convertirse en uno de los mejores comerciales de la empresa.

La percepción que el aspirante tiene del trabajo también dice mucho acerca de él. Betty había sido gerente de su empresa. Su mayor logro fue que mantuvo el trabajo fluido, medió en los conflictos y garantizó que cada tarea se cumpliera dentro del plazo y con precisión. Estas cualidades están bien, siempre y cuando queramos un individuo de «mantenimiento», alguien capaz de mantener el funcionamiento que tiene la empresa. Sin embargo, si necesitamos innovación o creatividad, sería mejor buscar a alguien que haya introducido nuevos sistemas para mejorar la productividad o que haya reorganizado el departamento para incrementar su eficacia.

Los logros de los que el aspirante se siente más orgulloso también proporcionan información acerca de su idea sobre la naturaleza del trabajo. En su respuesta a la pregunta sobre sus logros, Gary, un candidato para un puesto ejecutivo en recursos humanos, describió orgullosamente que había creado un torneo de bolos y de *softball* en la empresa. Eileen, que competía con él para el cargo, explicó que había introducido un programa de sugerencias que dio como resultado varias innovaciones a menor coste. A partir de estas respuestas, ¿cuál de los dos es el candidato más adecuado?

Calidez

Esta cualidad intangible es de suma importancia y constituye un elemento principal del atractivo para lograr un puesto de trabajo. Resulta difícil de describir, pero sabemos cuándo está presente. La persona cálida reacciona con empatía y manifiesta una preocupación verdadera por los asuntos que abordamos. Este individuo habla libremente sobre sus relaciones personales. Se siente cómodo en la entrevista y nos hace sentir del mismo modo. Un individuo con este tipo de personalidad está relajado en cualquier entorno y, muy probablemente, se integrará en el departamento con facilidad y de forma natural. Son personas agradables y resulta fácil vivir y trabajar con ellas.

Sensibilidad a la retroalimentación

El candidato que entiende lo que transmitimos no sólo mediante nuestras preguntas y comentarios, sino también con nuestro lenguaje corporal probablemente hará lo mismo en el trabajo. Supone una ventaja inestimable para un puesto de trabajo. Este tipo de personas aprende fácilmente. Están dispuestas a aceptar críticas y a llevar a cabo instrucciones, y trabajan bien con sus compañeros.

Naturalidad

Una persona natural y relajada, probablemente, es una persona bien integrada. No obstante, no debemos descartar automáticamente a un solicitante nervioso. Comprender a una persona nerviosa y descubrir las características latentes que puede haber bajo su incomodidad precisa nuestra habilidad, paciencia y determinación. Posiblemente, el nerviosismo sólo esté enmascarando su verdadera personalidad.

Facilitar información al solicitante

Una parte importante de la entrevista consiste en proporcionar información acerca de la empresa y el puesto. Todo el esfuerzo y el gasto que hemos invertido para conseguir buenos empleados se perderán si los candidatos que queremos no aceptan nuestra oferta. Si les transmitimos una buena imagen del trabajo en la entrevista, aumentaremos las posibilidades de que acepten.

Qué decir y cuándo hablar sobre el puesto
Algunos entrevistadores empiezan la entrevista describiendo las obligaciones que implica el trabajo. Otros facilitan al aspirante una copia

de la descripción del trabajo previamente a la entrevista. Se trata de un grave error. Si el candidato sabe demasiado sobre el puesto con demasiada antelación, es probable que elabore sus respuestas a todas las preguntas para ajustarse a los requisitos.

Por ejemplo, le decimos al aspirante que el puesto consiste en vender productos a cadenas de grandes almacenes. Por mucho que el solicitante sólo disponga de una experiencia limitada en este campo, al preguntarle: «¿Con qué tipo de mercados ha trabajado?», ¡podremos adivinar cuál será su respuesta!

La mejor manera de facilitar información sobre las tareas y responsabilidades consiste en ir comunicándola a lo largo de la entrevista, *después* de conocer la experiencia del aspirante al respecto. Por ejemplo:

Entrevistador: ¿Con qué tipo de mercados ha trabajado?

Candidato: Con farmacias, tiendas de descuento, grandes almacenes y empresas de venta por correo.

A continuación, le podemos hacer preguntas específicas sobre su experiencia en cada uno de estos mercados. Si su experiencia en grandes almacenes resulta satisfactoria, el entrevistador podría decir: «Me alegra saber que tiene tanta experiencia en grandes almacenes, ya que representan alrededor del 40 % de nuestros clientes. Si usted es seleccionado, trabajará estrechamente con estas cadenas».

Si su experiencia en este ámbito es poco convincente, el entrevistador podría decir: «Como buena parte de nuestro negocio es con cadenas de grandes almacenes, en caso de que sea seleccionado tendremos que proporcionarle una formación complementaria en esta área».

En algún momento de la entrevista, normalmente al final, la mayoría de entrevistadores dan una oportunidad al aspirante para realizar preguntas sobre el puesto de trabajo y la empresa. Las preguntas que haga nos permitirán conocer su personalidad y nos ayudarán en nuestra evaluación.

¿Las preguntas son principalmente de índole personal (por ejemplo, sobre las vacaciones, el tiempo libre, los aumentos de sueldo y cuestiones similares) o se refieren al trabajo? Las personas que sólo están preocupadas por los aspectos personales, probablemente, no estén tan motivadas como los candidatos que se concentran más en los aspectos relacionados con el trabajo. Sus preguntas también pueden ser indicios de su verdadero interés en el puesto. Si, a raíz de estas preguntas, creemos que un candidato prometedor tal vez no esté demasiado entusiasmado por el trabajo, podemos aprovechar la oportunidad para volver a explicarle las ventajas de unirse a nuestra empresa.

Cuando hacemos entrevistas siempre estamos «vendiendo» algo. Es importante que presentemos el puesto de trabajo de manera positiva y entusiasta. Ello no significa que debamos exagerar o engañar al candidato. En la entrevista podemos hablar de los aspectos negativos de este trabajo, pero conviene demostrar que los aspectos positivos pesan más que los negativos. Por ejemplo, podemos decir: «Es cierto que este trabajo requiere que haga horas extra durante los primeros meses a fin de adquirir nuestra compleja formación técnica, pero una vez domine nuestro sistema, optimizará su pericia en el campo».

Tanto si se trata de ascender a un empleado como si buscamos a alguien externo, es fundamental seguir todos los pasos para asegurarnos de tomar la decisión correcta. Cabe estar atentos a los peligros de los gustos y las aversiones personales, a la sobrevaloración del aspecto físico o a los efectos de halo y de halo invertido. Debemos buscar buenos resultados del candidato en el pasado, una actitud positiva hacia el trabajo, un tipo de inteligencia relacionada con el puesto y una personalidad cálida, natural y madura.

Lo más importante

- Antes de evaluar los currículos, conviene hacer una lista de los requisitos esenciales. Si el candidato no los cumple, carece de sentido concertar una entrevista.

- No considerar un currículum sólo por su apariencia. Debemos leer entre líneas y buscar los factores negativos que haya ocultos.
- Pedir a todos los candidatos que rellenen un formulario de solicitud. El currículum debería usarse como complemento y no como sustituto de la solicitud.
- Antes de realizar una entrevista, repasar los requisitos y la descripción del trabajo y el currículum y la solicitud del candidato.
- Una buena entrevista debería estar estructurada, pero tener la suficiente flexibilidad como para poder realizar preguntas adicionales.
- Procurar que el aspirante se relaje evitando hacer preguntas que puedan resultar intimidantes al principio de la entrevista.
- Comprobar las referencias de los candidatos, hablando con su supervisor inmediato y no con el departamento de recursos humanos.
- Cuando comparemos candidatos, conviene considerar a la persona en su totalidad, no sólo su experiencia laboral. Evitar los efectos de halo y de halo invertido.

Capítulo 5

Optimizar el rendimiento

Phil aceptó gratamente las felicitaciones. Había ganado el campeonato del club por tercer año consecutivo. Un periodista del diario local le preguntó: «Phil, usted es nuestro indiscutido campeón de golf. ¿Qué consejo nos podría dar al resto para mejorar nuestra actividad?». Sin pensarlo dos veces, Phil respondió: «Todo empieza por cómo se coloca la pelota».

Preparación

Toda actividad, tanto si es en un campo de golf como en el trabajo, empieza con una preparación. Antes de golpear la primera pelota o de realizar la primera tarea en el trabajo, el factor que determinará la obtención de unos resultados excelentes reside en los pasos preparativos.

En el golf, colocar la pelota no sólo consiste en ubicarla en el punto de salida, sino que abarca todo lo que el jugador ha hecho con anterioridad para dominar el juego.

La competencia técnica

El primer paso consiste en adquirir el máximo conocimiento sobre la materia. Adquirir competencia en un trabajo, al igual que en cualquier deporte, empieza por aprender los fundamentos y luego los aspectos más complejos del procedimiento. Ser competente a nivel técnico en el área en que uno quiere triunfar resulta esencial para conseguir un rendimiento óptimo.

Darlene estaba intrigada por las nuevas tecnologías de diagnóstico médico y de tratamiento. Puesto que era ayudante de enfermera en el hospital Mercy, tenía la oportunidad de observar este nuevo equipo, aunque no de utilizarlo. Cada vez que se le presentaba una oportunidad, Darlene bajaba al departamento donde utilizaban este equipo. Hablaba con los técnicos y conseguía material que poder estudiar. Estaba especialmente interesada en el uso de la máquina de ultrasonido que se emplea para identificar un gran número de problemas internos del organismo. Posteriormente se matriculó en un curso de preparación, obtuvo el certificado de técnico en ecografía y fue transferida a un puesto de esta especialidad a jornada completa. La mayoría de personas en posesión de ese certificado se habría dado por satisfecha al conseguir un puesto así, pero Darlene quería ser más que una buena trabajadora; aspiraba a ser la mejor técnica. Continuó sus estudios y se ofreció a trabajar en proyectos especiales con los médicos que usaban este equipo. Al cabo de poco tiempo, Darlene se convirtió en la técnica en ecografía más experta del hospital y estaba a punto de iniciar una carrera exitosa en este campo.

Formación

La formación no termina una vez se ha adquirido una competencia técnica. Incluso los mejores atletas siguen entrenando al margen del éxito que tengan. Saben que la necesidad de entrenar nunca cesa.

Sam, un hábil comercial, está convencido de que nunca terminará de formarse:

«Aún me queda tanto por aprender –se queja».

Cada año, Sam se inscribe, como mínimo, en un curso de formación en ventas o en conocimiento de productos. Cada semana se reserva un tiempo para leer libros y escuchar cintas relativas a su formación. Como resultado, Sam ha ido mejorando su actividad de forma continua, ofreciendo un mejor servicio a sus clientes y aumentando sus ventas.

Enseñar a los demás

Otra manera de perfeccionar nuestros conocimientos consiste en enseñar a los demás. No sólo nos da la oportunidad de repasar de forma sistemática lo que hemos aprendido y, con ello, de reforzar los conocimientos, sino que, con frecuencia, también aprendemos del alumno. Las preguntas y las sugerencias de los alumnos pueden llevarnos a profundizar más en nuestra materia.

Ann es supervisora del departamento de tratamiento de textos para un comité de acción política. Cuando se acercaba la fecha de las elecciones, contrató a dos operadores adicionales que precisaban formación. A fin de asegurarse de que estos aprendices recibieran una preparación de forma rápida y eficiente, Ann ideó un plan de formación. En el proceso, se vio obligada a replantearse muchas de las técnicas que ella misma había usado. Recordó algunos atajos y estrategias especiales que no había empleado desde hacía años, y también se le ocurrieron nuevas ideas. Una vez iniciado el curso de formación, la interacción entre Ann y los aprendices la motivó a mejorar su propio desempeño y a aumentar su productividad personal.

Intentarlo

Los campeones nunca dicen: «No puedo hacerlo». Intentan encontrar la manera de superar los obstáculos. Ni siquiera los campeones ganan siempre, pero, eso sí, nunca pierden sin haber dado todo de sí mismos.

Norman tenía una empresa de pintura industrial en la ciudad de Nueva York. Un día se enfrentó a un importante problema. Tenía que presentar su oferta para el proyecto de pintar el Madison Square Garden, el estadio cubierto más grande de la ciudad, y el plazo terminaba a finales de semana.

El principal problema era pintar el techo, que estaba a 37 metros de altura. El modo habitual de llegar al techo era mediante un andamio en el que los pintores pudieran subirse para desempeñar su trabajo. El coste del andamio era el mismo para todos los candidatos. La única manera de reducirlo significativamente era encontrar alguna forma de pintar el techo sin montar el andamio. Todos sabían que aquello era imposible, de modo que, ¿para qué molestarse?

Sin embargo, Norman no se daba por vencido con facilidad. Estaba convencido de que, si uno quería triunfar, nunca debía rendirse. Aquella noche, de regreso a su casa, Norman pasó por delante de una empresa eléctrica que estaba repintando una farola. A fin de llegar a la misma, utilizaban una plataforma elevadora.

«¿Por qué no usar una plataforma así para pintar el techo del estadio? –se dijo Norman».

Cuando examinó el asunto al día siguiente, resultó que era factible y económico. Pudo ofrecer un presupuesto significativamente más bajo que sus competidores y consiguió el encargo.

Pensar

El último paso de la preparación para un funcionamiento óptimo consiste en pensar. Antes de iniciar un partido o un proyecto, resulta esencial haberlo pensado a fondo. Un buen jugador de golf piensa en cómo alcanzar el hoyo antes de dar el primer golpe. Un buen profesional piensa en cómo llevar a cabo el proyecto antes de empezarlo.

En el caso de una tarea compleja, con frecuencia hay que emplear tanto tiempo para la preparación como para el trabajo en cuestión. Antes de realizar una llamada, el comercial piensa detenidamente sobre todos los posibles problemas que pueden llegar a surgir y en cómo resolverlos. Los ejecutivos piensan en cada consecuencia que puede resultar de su decisión antes de tomarla. Lo mismo puede decirse de los profesionales del sector del teatro, el cine, la televisión y el deporte.

Podemos llegar a ser trabajadores excelentes si nos preparamos diligentemente para cada uno de nuestros proyectos, nos volvemos expertos en la técnica y nunca dejamos de formarnos, de intentarlo y de enseñar a los demás, especialmente cuando la situación se complica.

El desempeño de nuestras funciones

Los criterios de funcionamiento, normalmente, se basan en la experiencia de buenos trabajadores que han realizado la misma tarea durante un período prolongado de tiempo. Al margen de que los criterios se refieran a la cantidad, a la calidad o a otros aspectos relacionados del trabajo, deberían cumplir los siguientes requisitos:

Ser específicos. Cada persona que realiza la tarea debería saber exactamente lo que debe hacer.

Ser mensurables. La empresa debería disponer de unos criterios para medir el funcionamiento. Esto resulta fácil cuando se trata de una tarea cuantificable; en cambio, es más difícil (pero no imposible) cuando no lo es. Cuando no se puede realizar un cálculo cuantitativo, deberíamos incluir algunos criterios como el cumplimiento del plazo, la introducción de nuevos conceptos o la contribución a las actividades en grupo.

Ser realistas. Si los criterios no son alcanzables, las personas los considerarán injustos y se negarán a seguirlos.

La descripción de los resultados

La mejora del funcionamiento, tanto el propio como el de nuestros compañeros, debe lograrse mediante un proceso sistemático. Empieza por observar nuestra propia posición y los resultados de los que seremos responsables al final del día, del mes y del año. Y, a continuación, todos los demás, tanto a los que ocupan puestos superiores como inferiores, para asegurarnos de que existe una coordinación desde lo alto hasta lo bajo de la jerarquía.

El primer paso consiste en determinar exactamente lo que deseamos que se cumpla en este trabajo y cómo lo mediremos. Para ello, debemos diseñar una descripción de los resultados. A diferencia de la típica descripción de un trabajo que se centra en las actividades o tareas que deben llevarse a cabo, la descripción de los resultados es una imagen del aspecto que adquiere una tarea cuando se ha realizado correctamente.

Se trata de una perspectiva orientada a los resultados que permite a los directivos y a los empleados trazar un camino desde la perspectiva de la empresa, su misión y sus valores, a los objetivos mensurables del trabajo de cada empleado. La descripción de los resultados no sólo les ayuda a descubrir y definir sus funciones individuales, que llamaremos *áreas clave*, sino que también mide aquellas áreas que se han terminado con éxito gracias a unos criterios de funcionamiento claramente definidos. Este documento representa un instrumento para ajustar la responsabilidad individual a todo el equipo, el departamento y la empresa.

Al elaborar esta descripción, todos los trabajadores de la empresa están centrados en cumplir con la perspectiva, la misión, los valores y los objetivos del trabajo de manera habitual. Este instrumento ayuda a definir y medir los objetivos y a precisar las responsabilidades. Las personas utilizamos la tecnología para controlar la velocidad y el funcionamiento de un vehículo mediante el velocímetro y el indicador de combustible. Los líderes ayudan a definir el funcionamiento con la identificación de las «áreas clave» y los criterios de rendimiento relevantes del lugar de trabajo. Este sistema les da la oportunidad de medir y controlar su propio rendimiento y, al mismo tiempo, de minimizar la necesidad de utilizar sistemas tradicionales de control y disciplina.

Esta revisión empieza en la parte más alta de la empresa, que consiste en su perspectiva, su misión y sus valores, y luego se traslada a los resultados individuales que siempre se corresponden con los del equipo, su directivo y la misión de la empresa.

Cuando maximizamos el rendimiento, creamos un ambiente en el que las personas tienen la posibilidad de alcanzar los resultados que precisa la empresa para seguir siendo competitiva y superar las expectativas de los clientes, mientras ellos crecen tanto a nivel personal como profesional.

Los componentes principales de la descripción de resultados

A fin de elaborar la descripción de los resultados de un trabajo, debemos determinar:

—¿Cuál es el objetivo de este trabajo? En otras palabras, ¿por qué existe este trabajo?

—¿A qué nos comprometemos con este trabajo y por qué?

—¿Cuáles son las áreas clave (las áreas que requieren resultados determinados para que se cumpla la función de ese trabajo)?

—¿Se corresponden estas metas con el objetivo, la perspectiva y la misión de la empresa?

Criterios de funcionamiento

A fin de asegurarnos de que estas áreas clave se hayan determinado de manera satisfactoria, deberían existir las siguientes condiciones:

Los criterios de funcionamiento deberían ser precisos, mensurables, alcanzables, estar orientados al resultado y ser escalonados. Algunos de los factores que se deben especificar son:

- Los plazos
- Los costes
- Las obligaciones
- Las actividades necesarias para cumplir con los principales resultados
- Las habilidades, las destrezas y los conocimientos
- Lo que se necesita para cumplir con los principales resultados.

Criterios de funcionamiento

Los criterios de rendimiento son condiciones tangibles y medibles que deben existir para que la tarea se lleve a cabo correctamente. Estos criterios están centrados en los resultados, no en las actividades. En todo caso, siempre deberían estar orientados a los resultados.

Aunque tal vez elaboremos nuestros propios criterios, una vez escritos, deberíamos negociarlos hasta llegar a un acuerdo con el siguiente nivel de la directiva. Durante la realización de las tareas se demostrará si se han cumplido o no los distintos criterios. De esta manera, adquieren una validez objetiva y se elimina el temor al proceso de revisión.

He aquí algunas preguntas utilizadas para determinar la validez de un criterio de funcionamiento:

—¿Está dentro de nuestro control o dominio?

—¿Estamos evaluando los resultados o sólo cuantificando actividades?

—¿En qué aspectos esperamos perfección?

—¿Hay alguna posibilidad de malinterpretar los términos o el lenguaje? Por ejemplo, las palabras «bien», «eficaz», «logrado», «mejor», etcétera no son mensurables y el acuerdo sobre ellas resulta difícil.

ɔ

Me pregunto por qué no utilizamos el mismo sentido común cuando intentamos cambiar a las personas que cuando tratamos de educar a los perros. ¿Por qué no usamos las recompensas en lugar de los castigos? ¿Por qué no recurrimos a los elogios en lugar de a las condenas? Deberíamos elogiar incluso cualquier mínima mejora. Eso alentará a la persona a seguir intentándolo.

Dale Carnegie

A continuación he incluido una lista de ejemplos de criterios de funcionamiento. Por supuesto, cada trabajo requiere un análisis individual. Se trata únicamente de un ejemplo para ilustrar el proceso.

—Como mínimo, un 30 % del incremento de beneficios del año fiscal 2010-2011 proviene de nuevos clientes.

—Todos los miembros del equipo han completado su certificación anual obligatoria en el período de un mes a partir de que se cumpla un año de su acceso al puesto, de acuerdo con los estándares de la agencia de certificación.

—Todos los miembros del equipo han asistido a una reunión semanal de formación durante los últimos seis meses.

—Durante el siguiente año fiscal, se reducirán un 20 % las reclamaciones de clientes por retrasos en las entregas.

—A finales del tercer cuatrimestre habrá concluido la reestructuración de las reuniones orientativas para empleados a fin de que sean más amenas.

—Al término de la primera mitad del año fiscal, el departamento de ventas habrá aumentado un 17 % el número del clientes fijos en el sector farmacéutico.

—Durante el actual año fiscal, se reducirá un 50 % la tasa de robos y vandalismo en nuestras sucursales, lo cual resultará en una reducción del 10 % en el coste de los seguros.

—Todos los diseñadores gráficos han cumplido con los plazos de entrega en todas las ocasiones y con todos los clientes.

Evaluaciones formales del funcionamiento

En la mayoría de empresas, se realiza una evaluación formal de su funcionamiento una vez al año. Muchos empresarios la complementan con una evaluación informal semestral o cuatrimestral a fin de facilitar a los socios un mayor conocimiento de su progreso.

La importancia de las evaluaciones formales

—Ofrecen un marco para analizar a nivel general el historial laboral de la persona. Los directivos pueden aprovechar estas reuniones para agradecer a un empleado sus hazañas logradas y para proporcionar sugerencias que logren contribuciones todavía mejores.

—Dan la oportunidad al empresario de comparar a todos los miembros del grupo aplicando los mismos criterios.

—Facilitan datos útiles para determinar qué tipo de formación complementaria necesitan los empleados.

—En muchas empresas, representan el principal factor a la hora de determinar aumentos de sueldo y bonificaciones.

—Su formalidad permite que puedan tomarse más seriamente que los comentarios informales acerca del funcionamiento.

—Se pueden usar como vehículos para establecer objetivos, planificar la propia carrera y el crecimiento personal.

El lado negativo de las evaluaciones sobre el funcionamiento

—Pueden causar estrés tanto a los líderes como a los empleados.

—Algunos líderes temen tano disgustar a los socios que acaban sobreestimando su rendimiento.

—Muchos de los sistemas formales resultan inadecuados, engorrosos o están mal estructurados, lo cual crea más problemas que soluciones.

—Algunas evaluaciones subestiman a los trabajadores, porque sus supervisores tienen miedo de que se conviertan en competidores.

Una evaluación de funcionamiento realizada de forma adecuada puede suponer una experiencia muy estimulante tanto para los empleados como para los directivos.

Para sacar el máximo partido, no hay que entenderla como una confrontación. Más bien, como un mutuo intercambio que provoca que el socio se comprometa más a mejorar y a establecer metas para el próximo año, para dar lugar a una experiencia laboral más productiva y satisfactoria.

Elegir el mejor sistema

Existen muchos sistemas de evaluación que se pueden utilizar. He aquí los que se usan con mayor frecuencia:

Sistemas basados en características

El sistema de evaluación más común es el que enumera una serie de características, midiendo cada una de ellas sobre una escala que va de insatisfactoria a excelente. Un ejemplo típico:

Características:
- Cantidad de trabajo.
- Calidad del trabajo.
- Conocimiento del trabajo.
- Seriedad.
- Capacidad para ejecutar instrucciones.
- Iniciativa.
- Creatividad.
- Cooperación.

Categorías:

Excelente: 5 puntos.

Notable: 4 puntos.

Aprobado: 3 puntos.

Necesita mejorar: 2 puntos.

Insatisfactorio: 1 punto.

A primera vista, este sistema parece fácil de administrar y de entender, sin embargo, está repleto de problemas:

—Una tendencia central. En vez de evaluar detenidamente cada característica, resulta más fácil hacerlo según su promedio o lo cerca que esté de cierto promedio (categoría central).

—El «efecto halo». Como se ha dicho anteriormente, algunos directivos se quedan tan impresionados por una característica de una persona que acaban dando una puntuación alta a todos sus rasgos. La situación opuesta es la del «efecto halo invertido».

—Sesgos personales. Los directivos son humanos, y éstos sienten simpatía y antipatía por los demás seres humanos. Estos sesgos pueden influir en cualquier tipo de evaluación, pero el sistema basado en características es especialmente vulnerable.

—El comportamiento reciente. Es fácil recordar la conducta de los empleados durante los últimos meses, pero los directivos tienden a olvidarse de su comportamiento durante la primera parte del período de la evaluación.

Puesto que la evaluación basada en características se mide en términos numéricos, existe la tentación de utilizar los resultados para comparar a los socios entre sí. Algunas empresas utilizan la campana de Gauss para representar los resultados. El concepto de la campana de Gauss parte de la suposición de que, con una población grande, la mayoría de personas entrarán en la categoría promedio (central), un pequeño número en las categorías que están por debajo y por encima de la media y un número todavía menor en los puntos extremos.

En las evaluaciones de los trabajadores, el problema que implica el uso de la campana de Gauss reside en el hecho de que es poco probable que los grupos pequeños adopten esta distribución, y tal vez eso resulte injusto para los trabajadores de los puntos extremos.

Por ejemplo, supongamos que Carla es un genio que trabaja en un departamento donde todos son genios. Sin embargo, ella es la persona menos genio del grupo. Si hiciéramos una campana de Gauss para ese grupo, su evaluación resultaría «insatisfactoria». En cualquier otro grupo, probablemente resultaría «excelente».

O supongamos que el rendimiento de Harold es poco satisfactorio, pero su grupo se sitúa por debajo de la media. Si usamos la campana de Gauss, tendríamos que darle una puntuación excelente.

Cualquier directivo o líder debería informarse bien sobre el significado de cada categoría y la definición de cada característica. Resulta relativamente fácil entender *cantidad* y *calidad*. Pero, ¿a qué se refiere la *formalidad*? ¿Cómo se mide la *iniciativa*, la *creatividad* y otras cualidades intangibles? La creación de un programa de formación que incluya debates, juegos de roles y estudios de casos permite establecer niveles comprensibles y alcanzables para cualquiera.

Debemos establecer criterios para la evaluación. Resulta fácil identificar a los empleados superiores y a los que son insatisfactorios, pero es mucho más difícil diferenciar entre aquellos que se sitúan en las categorías medias.

Conviene tener un registro sobre el funcionamiento de cada empleado a lo largo del año. No es necesario registrar su funcionamiento medio, pero sí deberíamos anotar aquello que la persona haya logrado cumplir y aquello que no. Algunas anotaciones sobre aspectos positivos pueden ser, por ejemplo: «Sobrepasó la cuota un 20 %», «finalizó el proyecto dos días antes de terminar el plazo» o «sugirió algo que redujo en un tercio el tiempo de una tarea». Las anotaciones sobre aspectos negativos pueden, por ejemplo, incluir: «Tuvo que volver a hacer el informe a causa de graves errores», o «recibió una advertencia por haber prolongado su hora de descanso en tres ocasiones en este mes».

Conviene hacer un esfuerzo para detectar y superar nuestros sesgos personales.

Debemos recabar información y contar con ejemplos concretos de actuaciones y conductas excepcionales e insatisfactorias para respaldar nuestra evaluación.

Evaluaciones basadas en los resultados

En lugar de evaluar a nuestros trabajadores basándonos en nuestra opinión sobre sus distintas características, un sistema más eficaz se centra en el logro de determinados resultados. Este tipo de evaluación se puede usar en cualquier situación siempre y cuando los resultados sean mensurables. Obviamente, resulta más fácil cuando se trata de evaluar factores cuantificables (como el volumen de ventas o las unidades de producción), pero también resulta útil en áreas tan intangibles como cumplir determinados objetivos en cargos directivos, alcanzar metas personales e intentar mejorar la colaboración.

En este sistema, las personas que realizan la evaluación no tienen que confiar en su juicio de características abstractas, sino que pueden centrarse en lo que esperaban de los empleados y el cumplimiento de sus expectativas. Las expectativas se estipulan al principio de un período de tiempo y se calculan llegado su final. A continuación, se determinan nuevos objetivos para el período siguiente.

Así es como funciona este sistema:

—Para cada puesto, el jefe y los empleados acuerdan las ARC (áreas de resultados clave) respectivas. Los empleados deberán lograr determinados resultados para cumplir con los objetivos.

—El líder y el personal asignado a la tarea establecen los resultados que se esperarán de cada persona en cada una de las ARC.

—En las revisiones se calculan los resultados que el trabajador alcanzó en cada una de las ARC comparándolos con lo que se esperaba.

—Algunas organizaciones se sirven de una escala numérica para evaluar hasta qué punto los empleados cumplieron las expectativas. Otras, en cambio, no dan notas, sino que hacen un informe en el que resumen los logros y los comentan.

En algunas compañías, los socios deben entregar un informe mensual análogo a la revisión anual. Este método permite tanto al socio como al líder tener un control sobre el progreso. Los informes mensuales facilitan la edición y discusión de la revisión anual.

☙

Al tratar con personas, cabe recordar que no estamos tratando con seres lógicos, sino con seres emocionales.

Dale Carnegie

☙

La evaluación de 360 grados

Las valoraciones de varios niveles han cobrado mucha popularidad, y se utilizan para identificar la valoración que hacen de un directivo sus jefes, compañeros, subordinados e incluso personas ajenas a la empresa (por ejemplo, vendedores y clientes). Normalmente reciben el nombre de evaluación de 360 grados, y empresas como General Electric, Exxon Mobil y otras han adoptado este tipo de revisiones.

Las personas no se ven a sí mismas como las ven los demás. Percibimos nuestras acciones como algo racional, creemos que nuestras ideas son sólidas y nuestras decisiones sensatas. Tradicionalmente, la única persona que evalúa el rendimiento de un trabajador es su jefe. Esto nos permite ver cómo esta persona percibe nuestro trabajo, sin embargo, no es el único con quien interactuamos.

Incluso más compleja es la evaluación de los altos directivos, que con frecuencia no se evalúan ningún aspecto. Cuando estos ejecutivos reciben la evaluación de sus compañeros y subordinados, pueden descubrir aspectos sobre su estilo de dirección que antes ignoraban. Muchos se sorprenden al saber cómo los perciben los demás y toman medidas para cambiar sus métodos de dirección.

A pesar de las ventajas que tienen las evaluaciones de 360 grados, también existen desventajas potenciales. La retroalimentación puede doler. Los que hacen la evaluación no siempre son respetuosos o positivos. Algunas personas se aprovechan de su papel como evaluador para criticar el comportamiento de los demás en el trabajo.

Otro problema reside en las opiniones conflictivas. ¿Quién decide quién hace lo correcto? ¿O qué ocurre si una evaluación es tendenciosa? Si el evaluador siente antipatía por la persona a la que evalúa, el resultado puede estar sesgado negativamente; si el evaluador es amigo suyo, su resultado puede estar sesgado positivamente. A menudo, las personas que tienen que evaluar a sus superiores temen ser totalmente fieles a la verdad para no poner en peligro su puesto.

A fin de asegurarse de que la evaluación de 360 grados tenga más posibilidades de provocar un cambio, se recomienda:

• Que sea anónima y confidencial.
• A fin de tener suficiente conocimiento de la persona que evalúan, los evaluadores deberían haber trabajado con ella durante seis meses como mínimo.

- Los evaluadores deberían realizar un comentario escrito junto a una evaluación numérica. Esto aumentará la precisión y el valor informativo de la valoración.
- Para evitar la «fatiga a causa de las encuestas», no se deben realizar evaluaciones a demasiadas personas a la vez.

Las entrevistas de evaluación de empleados

Tanto si se usa el modelo basado en resultados como el basado en características, los resultados se deben comunicar a la persona evaluada. Cuando se pregunta a los directivos qué aspecto de su trabajo les gusta menos, primero nombran el despido de trabajadores, pero inmediatamente después suelen mencionar la realización de las entrevistas de evaluación de empleados. A los encargados no les molesta decir cosas positivas a sus trabajadores, pero se sienten incómodos hablando de las negativas. Por supuesto, a los empleados les sucede lo mismo. Normalmente, tienen terror a la entrevista y, con frecuencia, están nerviosos, tensos y con una actitud defensiva. Para garantizar que esta entrevista sea informativa y productiva, las dos partes deberían abordar la reunión con una actitud positiva, considerándola un ejercicio constructivo.

Prepararse para la entrevista

Las entrevistas de evaluación eficaces deben planearse detenidamente. Antes de la cita, el supervisor debería estudiar la evaluación. Conviene hacer una lista de las áreas que se tienen que cubrir. Debemos anotar todos los aspectos positivos –no sólo los que necesitan mejorar. Debemos estudiar las evaluaciones previas y apuntarnos todos los aspectos que han mejorado desde la última evaluación. Conviene preparar preguntas pertinentes sobre acciones pasadas y las medidas que debemos tomar para mejorar y determinar objetivos futuros.

Deberíamos recordar todo lo que podamos acerca de los patrones de conducta del empleado. ¿Tiene problemas o idiosincrasias especiales? Si se sabe que la persona es beligerante, negativa, emocional o tiene cualquier otro rasgo que pueda suponer una dificultad, debemos estar preparados para enfrentarnos a ello.

Es aconsejable programar la reunión con unos días de antelación. Podemos sugerir al empleado que revise su rendimiento antes de la entrevista. Muchas compañías dan al empleado un formulario en blanco y le piden que se autoevalúe. De este modo, le ofrecen la posibilidad de hacer una revisión seria y sistemática de su propio rendimiento, preparándolo para hablar de ello en la reunión.

Hablar del rendimiento

Una vez hemos entablado una buena relación con el entrevistado, deberíamos resaltar los aspectos del trabajo en que la persona ha destacado y los que se han cumplido de acuerdo con las normas. Si damos ejemplos concretos, el empleado sabrá que realmente somos conscientes de sus cualidades positivas. Debemos alentarlo a hacer cualquier comentario. Conviene escuchar con atención y, a continuación, discutir aquellos aspectos de su rendimiento o conducta en los que no cumplió con las normas. Debemos ser específicos. Resulta mucho más eficaz dar algunos pocos ejemplos en que el empleado se haya quedado por debajo de las expectativas que sólo decir: «No está del todo a la altura». Las normas de funcionamiento se deberían especificar a fin de que queden claras. No le debería sorprender saber que no ha cumplido con esas normas. Si le mostramos un trabajo que tenga un exceso de errores o le recordamos los plazos incumplidos, daremos fundamento a nuestra crítica.

En cualquier caso, nuestra atención debería centrarse en el trabajo y no en la persona. Nunca debemos decir: «Usted no ha servido para nada». Es mejor que digamos: «Su trabajo no ha cumplido con las expectativas».

Si los problemas no están relacionados con el rendimiento, sino con la conducta, también debemos ofrecer ejemplos. «A lo largo de los últimos meses, he estado hablando con usted sobre sus retrasos. Usted es un buen trabajador y sus oportunidades en esta empresa incrementarían mucho si pudiera ser más puntual».

Pedir al empleado que haga una sugerencia para mejorar

Una vez aclarada la situación, en lugar de dar recomendaciones para mejorar, es mejor pedir al empleado que nos dé sugerencias. Algunos empleados se resistirán. Aducirán excusas y pretextos para explicar problemas del pasado en vez de mirar hacia las mejoras futuras. Debemos escucharlo con empatía y dejar que se desahoguen del todo. En cuanto lo hagan, tendrán más voluntad para enfrentarse a la situación y proponer ideas viables.

Podemos preguntar: «¿Cómo le puedo ayudar a mejorar su funcionamiento?». Debemos aceptar sus recomendaciones, en caso de que sea posible, y elaborar con él un plan de acción para cumplirlas. A menudo, resulta útil sugerir una formación complementaria del trabajo o bien por medio de recursos externos.

Conocemos a nuestro personal, y si a nuestro juicio es poco probable que este empleado haga sugerencias constructivas, deberíamos estar preparados para proponer algunas de nuestras recomendaciones.

Establecer objetivos

Si los objetivos ya se han establecido en la revisión anual anterior, conviene revisarlos. Si se han cumplido, debemos felicitar al empleado y averiguar lo que se ha hecho para lograrlos. Si no todos se han cumplido, debemos averiguar por qué y determinar qué se puede hacer para cumplirlos en el período siguiente.

La entrevista de evaluación no es sólo una revisión del pasado, sino también un plan para el futuro. Podemos preguntar: «¿Qué le gustaría lograr en los próximos doce meses?». Debemos promover objetivos productivos, cambios de comportamiento y planes para progresar. Esto podría incluir también objetivos personales, como por ejemplo obtener una formación adicional, participar en actividades profesionales o comerciales u otras actividades externas al trabajo que fortalezcan su carrera. Como directivos, deberíamos ofrecer apoyo, pero abstenernos de hacer promesas o de evocar falsas esperanzas con respecto al avance o el desarrollo de su carrera, ya que, posiblemente, esté fuera de nuestro dominio.

Debemos pedir al empleado que anote cada objetivo e indique lo que piensa hacer al respecto. Luego le damos una copia a él y nos guardamos otra junto al formulario de evaluación. El próximo año podremos usarlo en la entrevista evaluativa.

ख

La mayor parte de las cosas importantes fueron logradas por personas que siguieron intentándolo cuando no parecía haber esperanzas.

Dale Carnegie

ख

Resumir

Al final de la reunión, deberíamos pedir al empleado que resuma lo que hemos tratado.

Debemos asegurarnos de que haya entendido los signos de más y de menos respecto al rendimiento y la conducta, los planes y objetivos para el siguiente período, así como cualquier otro asunto pertinente. Debemos tomar nota de estos aspectos.

A no ser que el empleado trabaje mal y esta evaluación represente «su última oportunidad», conviene terminar la reunión con un comentario positivo. «En resumen, ha progresado este año, estoy seguro de que continuará ofreciendo un buen servicio».

Siempre que se organice adecuadamente, el proceso de evaluación del empleado puede ser una experiencia muy estimulante tanto para la persona evaluada como para el evaluador. La entrevista no debería ser una confrontación, sino un intercambio mutuo que lleve a un compromiso por parte del empleado para intentar mejorar y establecer e implementar objetivos para el año siguiente, que resulte en una experiencia laboral más productiva y satisfactoria.

Lo más importante

- Para cada cargo, establecer normas de funcionamiento que el empleado entienda y acepte.
- Al saber lo que se espera de ellos, pueden controlar su propio rendimiento de manera continua.
- Si el método de las características se usa para evaluar a nuestro personal, debemos procurar no caer en el peligro de una tendencia central, de los efectos halo y halo invertido, de las preferencias personales y de dar énfasis a la conducta más reciente.
- Las evaluaciones orientadas a los resultados miden el rendimiento real en comparación con las expectativas predeterminadas.
- No hay que temer las revisiones de rendimiento. Pueden llegar a ser una experiencia beneficiosa y provechosa. Incluso podemos hacer que sean más valiosas si nos preparamos para abordar la revisión de manera constructiva.

Lo que se debe y no se debe hacer en las evaluaciones de rendimiento:
- Tener reservas de buena voluntad. Ser dignos de confianza.
- Dejar que el empleado revise todos los datos antes de la reunión.
- Empezar por los aspectos positivos.

- Ser entrenadores.
- Prestar más atención a los éxitos.
- Recurrir a datos precisos para la evaluación.
- Asesorar y corregir. Despersonalizar los errores.
- No hacer quedar mal a la otra persona.
- Elogiar todas las mejoras, incluso las más mínimas.
- Ser prolijos con las aprobaciones y generosos con los elogios.
- Esperar mejoras.
- Revisar las descripciones de los resultados y crear nuevas normas de funcionamiento cuando sea necesario.
- Concluir la evaluación transmitiendo confianza y optimismo.

Lo que se debería evitar:
- No traicionar la confianza.
- No preparar sorpresas desagradables.
- No fastidiar ni quejarse.
- No ser un adversario.
- No centrarse exclusivamente en los fracasos.
- No criticar, condenar ni quejarse.
- No emprender un ataque personal.
- No humillar al otro.
- No esperar milagros.
- No ignorar a la persona hasta que llegue la próxima evaluación, y esperar, a la vez, una gran mejora.
- No concluir la evaluación con un tono negativo.

Capítulo 6

Ser entrenador

Probablemente, la parte más desafiante de la tarea de un líder consiste en unir a los miembros de un equipo y formar una unidad dinámica, interactiva y con un alto nivel de rendimiento. Hemos visto cómo los entrenadores atléticos forman su equipo, y como directivos de nuestro equipo, podemos aprender de ellos.

A fin de conseguirlo, debemos ayudar a los miembros de nuestro equipo a desarrollar sus talentos para alcanzar su capacidad óptima. Debemos mantener a nuestro equipo al tanto de los objetivos de la organización y de los métodos y las técnicas más recientes, permitiéndoles alcanzar estos objetivos. Debemos ayudarlos a aprender lo que no saben y a perfeccionar lo que saben.

Un buen ejemplo es Bob, un vendedor con experiencia que hace poco se incorporó a la empresa. Dado su exitoso historial, Bob no esperaba que su directivo le ofreciera mucha formación. Suponía que lo iban a informar sobre el producto y lo enviarían a trabajar. Sin embargo, el jefe insistió en darle la misma extensa formación que recibían los vendedores con menos experiencia. Bob lo entendió. Había sido un corredor campeón en el instituto pero su entrenador de la universidad le dedicó la misma atención y el mismo entrenamiento que a los miembros del equipo que competían por primera vez. Los ejecutivos exitosos tienen esto en cuenta al incorporar a un nuevo empleado. Aunque tenga experiencia previa en el campo, resulta necesario trabajar sobre el enfoque particular de la compañía, que puede diferir de la experiencia pasada del empleado. La mayoría de directivos no dudarán en seguir este procedimiento con una persona sin experiencia, pero a menudo dejan de hacerlo en el caso del personal con experiencia.

Ayudar a los miembros del equipo a hacerse cargo de sus tareas

Nuestro grupo de trabajo o equipo se compone de individuos. Cada miembro del grupo contribuye al éxito de la misión del equipo. Para lograrlo, cada miembro debe tener habilidad para el trabajo y motivación para realizarlo con excelencia.

He aquí algunas sugerencias que han dado resultado para muchos ejecutivos:

- El líder alienta a los empleados a dominar sus tareas. Cuando los trabajadores dominan bien su labor y la ejecutan de forma profesional, están en el camino de la maestría de su vida laboral. El entrenador no sólo forma a los miembros nuevos del grupo en los fundamentos de sus tareas, sino que trabaja con todos los miembros para mantenerlos al tanto de las últimas tecnologías, métodos e innovaciones. Además, el líder alienta a los miembros a tomar la iniciativa y ampliar su conocimiento, a leer, realizar cursos, asistir a seminarios y a aprender de otros, no sólo sobre los aspectos específicos de las funciones que se ejecutan actualmente, sino también para ampliar el conocimiento general en su oficio. De esta manera, el trabajador tendrá más seguridad y confianza cuando se vea enfrentado a nuevos desafíos en el trabajo.
- La formación nunca termina. Las técnicas de formación se pueden aprender observando a un entrenador atlético. El entrenador profesional, tanto si es un entrenador como un directivo, empeza-

rá el entrenamiento ofreciendo una orientación extensiva sobre los objetivos del curso. Puede hacerlo en sesiones de grupo (si hay más de una persona que recibe formación) o bien en citas individuales. Los auxiliares del entrenamiento, como manuales, documentales o grabaciones, resultan útiles en esta fase.

Elena, encargada de procesamiento de datos de un distribuidor de electrodomésticos, lleva un registro de éxitos envidiable, ya que consigue preparar a los nuevos trabajadores en un plazo de tiempo mínimo. Cuando un nuevo empleado se incorpora al departamento, Elena trabaja con esa persona de forma casi exclusiva durante los primeros días. Dice: «Cuanto más tiempo dedico, tanto mayor es la cuota de éxito». En este entrenamiento inicial, Elena ofrece a los socios un amplio repaso de las bases informáticas de acuerdo con las funciones del departamento, independientemente de la experiencia que tenga el nuevo empleado. Ella opina que es la mejor manera de empezar, y que ayuda a eliminar cualquier mala costumbre que arrastren de trabajos anteriores.

- El entrenamiento no termina cuando el nuevo empleado empieza a trabajar de forma independiente. El entrenamiento continuo debería formar parte del trabajo de un directivo, al margen del tiempo que lleve la persona en la empresa. Los líderes eficientes no limitan el esfuerzo de entrenar sólo a aquellos que no presentan un rendimiento satisfactorio, sino que tienen la norma de trabajar con todo el personal de forma habitual. De la misma manera que el entrenador de un equipo atlético está constantemente atento para identificar las áreas en las que necesita mejorar cada miembro del equipo, los buenos supervisores procuran trabajar con cada uno de sus empleados para pulir sus conocimientos y hacerlos más eficientes en su trabajo.

- Los directivos deberían programar reuniones individuales periódicas de entrenamiento con cada miembro y también en grupo con todos. Siempre deberían prestar atención a las posibles variaciones en el rendimiento de todos los trabajadores, proporcionándoles sugerencias y consejos para mejorar.

- Aspirar a la excelencia. En la mayoría de grupos existen algunos miembros de los que sabemos que podrían rendir más. Realizan su trabajo de forma satisfactoria, sin embargo, divisamos en ellos un potencial que no están alcanzando.

Cathy, la supervisora de un equipo de desarrollo comercial, sentía que Christine, una de sus empleadas, pertenecía a esa clase de personas. Concertó una cita con Christine y le dijo: «Trabajas bien, no puedo quejarme, pero sé que podrías y deberías rendir más. Si fueras menos inteligente, me habría dado por satisfecha con lo que has hecho, sin embargo, percibo en ti la capacidad de ser una de las mejores trabajadoras de esta empresa. Conformándote con un rendimiento mediocre no aspiras lo suficientemente alto. Hagamos juntas un plan para ayudarte a alcanzar lo que eres capaz».

De manera conjunta, determinaron unos objetivos y un plan para alcanzarlos. Establecieron unos criterios para poder medir hasta qué punto Christine cumplía con estas metas. Se reunían de forma regular para evaluar su progreso. Al cabo de pocos meses, Christine aumentó su eficacia significativamente y estaba a punto de triunfar y realizar una carrera satisfactoria.

- Fomentar la participación de los miembros. Como se ha dicho anteriormente, se ha demostrado que cuando las personas participan en decisiones que las afectan, están más dispuestas a esforzarse para conseguirlas. Cuando asignamos un nuevo proyecto, en lugar de explicar a los trabajadores cómo hacerlo, deberíamos trabajar conjuntamente con ellos para determinar el procedimiento. Ofrecerles cierto control sobre el modo de hacerlo es otra forma de ayudarles a responsabilizarse de sus tareas.

- Fomentar la creatividad. La mayoría de las personas sienten que tienen algo de control sobre su trabajo cuando tomamos en serio sus sugerencias e ideas. Nadie espera que aceptemos todas sus sugerencias, pero sí que las tengamos en cuenta. Deberíamos crear un clima de innovación. A los socios les dará la oportunidad de criticar las prácticas actuales y de proponer ideas para mejorar. Debemos abrirnos a las ideas nuevas. El antiguo refrán que dice: «Si no está roto, no lo arregles» se tiene que reemplazar por «si aún funciona, probablemente esté obsoleto».

- No renunciar a un socio fácilmente. Ocurrirán errores, pero debemos usarlos como instrumentos para aumentar el rendimiento de esa persona. Al aprender de nuestros errores, es poco probable que los repitamos.

- Alentar a cada miembro del equipo a repensar su tarea, y hacerles saber que se tendrá en cuenta su punto de vista, al margen de lo radical que pueda parecer.

ೞ

Las personas que asumen la responsabilidad y sobresalen por encima de los demás son las que se sitúan en una posición delantera.
Acepta la responsabilidad.

Dale Carnegie

ೞ

Diez consejos para formar a los socios

1. Programar una reunión con cada socio de forma regular para identificar lo que puede hacer esa persona para aumentar su eficacia y lo que podemos contribuir a esa tarea.
2. No esperar hasta que llegue el momento de la revisión formal para ocuparnos de los casos de rendimiento bajo. Tomar medidas para corregirlo en cuanto lo observemos.
3. Tener un registro del progreso de cada socio. Incluir ejemplos de éxitos y de fracasos. Anotar las áreas que requieren mejoras.

Aportar sugerencias específicas para promover el crecimiento de la persona.

4. Al formar a los empleados, debemos tener en cuenta que el proceso para llegar a dominar las tareas debe realizarse en pequeños pasos. Debemos planear el entrenamiento de tal manera que empecemos dando a nuestros socios pequeñas tareas, y a medida que va avanzando le asignemos tareas más complejas.

5. Animar a los aprendices lentos, elogiando sus esfuerzos y reforzando la formación para que puedan ponerse al nivel del resto.

6. En lugar de intentar alcanzar varios objetivos a la vez, debemos ayudar a los socios a que mejoren sus capacidades concentrándose en un objetivo cada vez. Una vez esté a punto de cumplirlo, añadiremos otro objetivo.

7. Deberíamos ser modelos para los empleados a causa de nuestro empeño por aprender y aplicar nuevos métodos al trabajo.

8. Debemos dar consejos, información e ideas a los miembros del equipo. Podemos hacerlo en forma de artículos que hayamos leído, enviándoles recursos de internet o compartiéndolos con ellos de manera oral.

9. Asignar a los socios la responsabilidad parcial o total de un proyecto y dejarles mucho margen para realizarlo sin nuestra intervención.

10. Si la sesión de formación no da resultado, plantear las siguientes preguntas:
    - ¿Cuál era el propósito de la sesión de formación?
    - ¿Qué he hecho para alcanzar el objetivo?
    - ¿Qué consecuencia tuvo la sesión?

Debemos pedir a los miembros del equipo que contesten las mismas preguntas y comparar los resultados.

Entrenar al equipo

Puesto que hoy en día buena parte de las tareas se realizan en equipos, no basta con entrenar a cada miembro a alcanzar un rendimiento óptimo. Resulta igualmente importante unir el grupo de manera que forme una unidad coordinada de trabajo.

En el caso de un equipo nuevo, se empieza con una orientación detallada acerca de los objetivos del equipo, especificando lo que se espera de cada socio y del equipo en conjunto. Podemos hacerlo en sesiones en grupo o, cuando se une un miembro del equipo, individualmente.

Observemos el caso de Erica, directora de un equipo de tecnología informática. Cuando se asigna un nuevo proyecto al equipo, Erica dedica como mínimo un día a comentarlo con los miembros del equipo, tanto a nivel individual como a nivel de grupo. Erica afirma:

«Cuanto más tiempo dedico al trabajo preparativo, tanto mejor es el resultado».

Aprovecha la experiencia que varios de los miembros del equipo han tenido con proyectos similares y, en conjunto, planifican toda la operación. A medida que el proyecto va avanzando, tiene presente el progreso de cada socio y ofrece su asistencia, consejos y lo que haga falta para aumentar la eficiencia de los trabajadores.

Dar charlas estimulantes

De la misma manera que el entrenador de un equipo deportivo habla con los jugadores a fin de levantarles la moral antes del partido y en los momentos de descanso, los supervisores de equipos consideran que estas charlas ayudan a estimular la producción y dan nuevo ímpetu a los empleados cuando decae su entusiasmo. Esta estrategia es más que limitarse a gritar: «¡Corre, equipo, corre!». Los buenos líderes explican al equipo lo que tienen que cambiar para ser miembros más eficientes y colaboran con ellos para realizar estos cambios.

Las charlas estimulantes animan al equipo en poco tiempo, y con frecuencia son suficientes para salir de una dinámica poco productiva. Para alcanzar efectos más duraderos, debemos mantener al equipo al tanto de su progreso. Resulta importante elogiar cada logro, celebrar el cumplimento de objetivos intermedios y reconocer a los miembros que se destacan por su trabajo.

Los buenos líderes, al igual que los buenos entrenadores, entrenan a las personas para darse a sí mismas estas charlas estimulantes. Al mostrar a los socios que confían en su habilidad y al ayudarlos a adquirir esta confianza en sí mismos, los encargados efectúan una de las funciones más importantes de su cargo como encargados/entrenadores. Los entrenadores eficientes trabajan con las personas para levantar sus ánimos cuando están deprimidas, para proporcionarles más entrenamiento cuando han olvidado componentes básicos de su trabajo, para compartir la alegría de sus éxitos, para comprender sus personalidades y para modelar programas de motivación a fin de aprovechar estos factores. No se rinden fácilmente cuando algunas personas no cumplen con las expectativas. Trabajan con ellas y hacen lo que pueden para llevarlas a la altura del equipo.

Los encargados pueden lograrlo si conocen a sus empleados y tienen en cuenta sus diferencias individuales. Como he señalado antes, las personas son diferentes, y uno de los mayores errores a la hora de intentar levantar el ánimo de un equipo consiste en suponer que todo el mundo espera lo mismo de su trabajo. Posiblemente, será necesario ajustar un programa de motivación especial para cada empleado. En la mayoría de los casos, los supervisores se encontrarán con que cada persona se motiva por muchas cosas diferentes. Con todo, existen ciertos factores que se pueden integrar en la mayoría de este tipo de programas.

Los buenos líderes saben reconocer un rendimiento excelente así como cualquier mejora. Cuando se logra algo excepcional, el líder elogia al equipo y reitera que fueron los esfuerzos de todos los que contribuyeron a ese resultado. Un encargado organiza una fiesta improvisada con pizzas o helados cuando se ha terminado con éxito una parte importante de un proyecto. Otro hace una barbacoa en su casa para todos los miembros y aquellos a quien aprecia cuando se termina un proyecto especialmente complejo.

Los buenos entrenadores trabajan con sus miembros para levantar su ánimo cuando están deprimidos, para que recapaciten cuando necesitan mejorar sus destrezas, para vanagloriar con ellos sus triunfos y para estimular su espíritu de equipo.

ℭ

Los cambios son desagradables, por eso las personas con frecuencia retoman sus antiguos hábitos rápidamente si no reciben refuerzos o recompensas.
El hábito es más poderoso que el conocimiento.
No temas dar lo mejor de ti mismo a tareas aparentemente sencillas. Cada vez que conquistes una, te volverás mucho más fuerte. Si haces correctamente las tareas sencillas, las más complejas se resolverán por sí solas.

Dale Carnegie
ℭ

El entrenador y el aprendiz deben creer en la visión

Uno de los conceptos más importantes de la preparación es tener en mente una visión u objetivo final. Sin él, las personas con frecuencia pierden de vista la importancia de realizar los cambios necesarios. Cómo crear esta imagen de las posibilidades es el componente central de este paso en el proceso de preparación.

Las personas con una visión clara del resultado final de la preparación tienden a acercarse al mismo más rápidamente que aquellos que no la tienen. Sin embargo, es crucial que el entrenador y el aprendiz se hagan dueños del objetivo. Sin ese sentimiento de posesión, tal vez pierdan la motivación. Me centraré más en la motivación y el compromiso en el siguiente paso del proceso, pero aquí es donde realmente empieza la dirección y la motivación.

Adoptar la actitud correcta

Lo bien que conozcamos a nuestros empleados puede determinar la rapidez en saber si tenemos a las personas adecuadas para la tarea y lo motivadas que estén. Este paso es una parte esencial de un entrenamiento eficaz. Sin él, perderemos mucho tiempo superando los obstáculos.

Con frecuencia oímos decir que las personas se resisten a los cambios. No es cierto; las personas se resisten al cambio cuando 1) no ven la necesidad del mismo, 2) no quieren realizarlo, o 3) creen que el cambio no entra dentro de sus posibilidades. Siempre que pidamos a las personas cambiar sin su consentimiento, estaremos creando resistencia. El buen entrenador genera un ambiente en el que las personas están constantemente motivadas para alcanzar un alto rendimiento.

Proporcionar recursos

El buen encargado debe asegurarse de que se hallan disponibles todos los recursos necesarios para la formación. Ello incluye procurar tiempo, dinero, equipo, asistencia, información y un gran compromiso y respaldo, y, lo más importante, que todos los implicados se estén dispuestos a triunfar.

Debemos asegurarnos de que contamos con los recursos adecuados y de que éstos se hallan disponibles. Nada es más frustrante que cuando nos prometen una cosa y no la obtenemos. Puede hacer que la persona sienta que está destinada a fracasar. La práctica también permite al entrenador identificar las fortalezas y las oportunidades para mejorar. Algunos de los aspectos que hay que considerar a este respecto son:

- Cómo alentar a los demás para triunfar.
- Con qué proximidad debemos controlar y cuándo debemos no hacerlo.
- Cómo hacer que los demás sigan sintiéndose responsables del progreso.
- Cómo reforzar. Una cosa es progresar, pero sin refuerzos las personas rápidamente pueden volver a hacer sus tareas de la misma manera que antes. Una de las mayores falacias a las que se atienen los gerentes es la asunción de que si las personas saben algo, lo harán. Las personas no hacen aquello que saben; hacen aquello que han hecho siempre.

Algunas de las capacidades que debemos buscar para reforzar son:
- Autorizar a los trabajadores a lograr resultados después de haber aprendido nuevas destrezas.
- Ofrecer los comentarios adecuados.
- Hacer un seguimiento.
- Ocuparse de asuntos no relacionados con el rendimiento.
- Encargarse de los errores y de los trabajadores cuando se desvían del camino.

Premiar el logro

Una de las mejores maneras de consolidar el crecimiento y el progreso es premiándolo. Lo que recompensamos tiende a repetirse. Aquello que se repite acaba convirtiéndose en un hábito. Los cambios son desagradables, por eso las personas con frecuencia retoman sus antiguos hábitos rápidamente si no reciben refuerzos o recompensas. El hábito es más poderoso que el conocimiento. En el capítulo 3 he proporcionado sugerencias de cómo premiar y elogiar.

Ser un mentor y formar a los demás para serlo

Una de las mejores maneras de abordar la formación de nuestros trabajadores es alentar a nuestros socios experimentados a enseñar a los aprendices. Por ejemplo, un gerente de alto rango se lleva a un empleado más joven con él y se convierte en su mentor. De este modo, no sólo le estará dando a esta persona un buen comienzo para progresar, sino que le enseñará los conocimientos propios del trabajo, las sutilezas y los matices que incumben a la empresa y los «trucos del negocio».

Las empresas se verían sumamente beneficiadas si todos los trabajadores tuvieran un mentor. Como líderes, deberíamos considerar el hecho de enseñar los requisitos para un trabajo no sólo para nosotros mismos, sino para todos los miembros experimentados del equipo. Si estructuramos un programa de enseñanza y asignamos a los mejores de nuestro equipo la responsabilidad de formar a un nuevo asociado, habremos dado un paso de gigante en hacer que el recién llegado sea productivo e inicie su crecimiento personal.

Los líderes empresariales son personas ocupadas. Con frecuencia, simplemente no tienen el tiempo suficiente para dedicarlo a los asociados, especialmente a los recién llegados al equipo. Una solución puede ser escoger a un miembro del equipo con experiencia para que le enseñe. No debemos escoger siempre a la misma persona como mentor. Todos los asociados deberían tener la oportunidad de desempeñar este papel.

Un programa de enseñanza estructurado requiere que las personas elegidas para ser mentoras deseen hacerse cargo de la tarea. Forzar a alguien a ser mentor es contraproducente. No todo el mundo está interesado o capacitado para ser mentor. Sin embargo, si a nuestro juicio la persona que rechaza la tarea está realmente capacitada, pero es tímida o carece de confianza en sí misma, deberíamos tener una charla sincera con ella y explicarle que si acepta el trabajo, tanto el nuevo trabajador como todo el equipo se beneficiarán. Las personas con experiencia deberían enseñar a los nuevos mentores el arte de la enseñanza.

Tanto el mentor como la persona que está aprendiendo se benefician de este aprendizaje. Obviamente, aquellos que reciben la formación aprenden mucho más de este proceso, pero, con igual importancia, los mentores agudizan sus capacidades con el fin de transmitirlas. A medida que el mentor guía a sus aprendices a través del laberinto de políticas y directrices de la empresa, aumenta su sensación de responsabilidad. También les da más dotes en sus relaciones interpersonales.

Diez consejos para los nuevos mentores

Cuando nos asignen la tarea de ser mentores, deberíamos aprender todo lo que podamos sobre el arte de la enseñanza. Si hemos tenido una buena experiencia personal con un mentor, podemos usarlo como modelo. Si no, podemos buscar a otro miembro que haya sido un buen mentor y aprender de él o de ella. He aquí diez aspectos que es aconsejable tener presente:

1. Conocer la tarea. Revisar lo esencial. Pensar en los problemas que hallamos y en cómo los abordamos. Estar preparados para responder a preguntas sobre todos los aspectos del trabajo.

2. Saber tanto como sea posible acerca de la empresa. Una de las principales funciones de un mentor es ayudar al aprendiz a superar los obstáculos de las políticas y prácticas de la empresa con las que no está familiarizado. Es más, como personas que hemos estado en la empresa durante un tiempo, conocemos el funcionamiento interno de la misma —la verdadera estructura de poder— y su política.

3. Tratar de conocer al aprendiz. Para ser buenos mentores, debemos dedicar un tiempo a descubrir todo cuanto podamos sobre la persona a la que estamos enseñando. Conviene indagar sobre su

educación, su experiencia laboral, su actual trabajo, etcétera. También sobre sus objetivos, ambiciones e intereses ajenos a la empresa. Debemos observar sus rasgos de personalidad y acostumbrarnos a sus formas preferidas de comunicarse: cara a cara, por escrito, por teléfono, por e-mail, por Twitter, por mensajes, etcétera.

4. Aprender a enseñar. Si apenas tenemos experiencia en la enseñanza, podemos pedir ideas sobre métodos de enseñanza a los mejores maestros que conozcamos. También podemos leer artículos y libros sobre técnicas de enseñanza.

5. Aprender a aprender. Es esencial que sigamos aprendiendo, no sólo las técnicas más actuales de nuestro propio campo, sino también los avances en nuestra industria, en la comunidad empresarial, y en general, en todo el campo de la gestión.

6. Ser pacientes. Algunas personas aprenden más lentamente que otras, pero eso no significa que sean estúpidas. Si la persona a la que estamos enseñando no lo entiende enseguida, debemos ser pacientes. Los aprendices lentos con frecuencia acaban siendo miembros productivos del equipo.

7. Tener tacto. No somos sargentos de instrucción que entrenan a un recluta a sobrevivir en combate. Debemos ser amables, educados y diplomáticos, pero también firmes y mostrar al aprendiz que esperamos lo mejor de él.

8. No temer correr riesgos. Debemos asignar tareas que desafíen las capacidades del aprendiz. Debe aprender que tal vez tenga errores, pero que la mejor manera de crecer es aceptando tareas complejas. Los fracasos deberían verse como oportunidades para aprender.

9. Celebrar los logros. Debemos mostrar al aprendiz que estamos orgullosos de los logros y el progreso que hace. Cuando consiga algo especialmente importante, debemos elogiarle.

10. Alentar a nuestro aprendiz a convertirse en mentor. La mejor recompensa que podemos conseguir de nuestra tarea como mentores es que, una vez terminada la necesidad de enseñar, el aprendiz continúe el proceso convirtiéndose en mentor.

Una persona con éxito se beneficia de sus errores
y lo intenta de nuevo de manera distinta.

Dale Carnegie

Corregir los errores

Incluso las mejores personas cometen errores en su trabajo de vez en cuando. Es responsabilidad del gerente corregir estos errores. Para mantener la moral y conseguir lo mejor de nuestros trabajadores, debemos hacerlo sin provocar resentimiento ni hacer que el asociado se sienta insuficiente o inferior. Pese a que podamos sentirnos frustrados, disgustados o incluso airados por la situación, éste no es el momento ni el lugar para perder los estribos, enfadarse ni regañar a la persona que cometió el error. Dado que estamos inseguros de nuestra capacidad para comunicarlo bien, con frecuencia esperamos hasta que la situación alcanza una magnitud intolerable y entonces estallamos de ira. De modo que lo mejor es actuar pronto, cuando la situación y nuestras respuestas todavía son manejables.

Los nueve fundamentos para corregir errores
He aquí algunas sugerencias para corregir errores diplomáticamente, enseñar al asociado a corregirlos y evitar cometer futuros errores.

1. Investigar
Documentarnos para asegurarnos de que disponemos de todos los hechos antes de discutirlos con el asociado. Nuestro objetivo no es construir un caso, sino reunir información.

Debemos mantener la mente abierta e indagar más allá de los hechos para comprender mejor sus motivos.

2. Entablar una buena relación

Cuando nos reunimos con la persona que ha cometido el error, es mejor empezar procurando que ésta se sienta cómoda y disminuya su ansiedad.

Una manera de hacerlo es empezar con un honesto agradecimiento acompañado de pruebas. En lugar de hacerle un cumplido general, podemos escoger un comportamiento que hayamos observado. Debemos conservar la política de mantener unas relaciones cálidas en la empresa para que la persona esté abierta a nuestra aportación.

Tenemos que iniciar la discusión en privado y no decir ni hacer algo que pueda avergonzar a la persona o hacerle perder la dignidad delante de los demás.

Es conveniente adoptar la actitud y las acciones que queremos que muestre la otra persona. Si hablamos de manera tranquila y calmada, es probable que la otra persona haga lo mismo. Si consideramos el error de poca importancia y fácil de corregir, la otra persona tal vez adopte la misma actitud.

3. Referirse a la situación

Para lograr corregir un problema es esencial centrarse en el problema y no en la persona. Debemos eliminar los pronombres personales y despersonalizar el problema. Lo equivocado fue la acción, no la persona que la llevó a cabo. Queremos darle a la otra persona una oportunidad para explicar lo ocurrido y luego darle a conocer lo que sabemos del problema. Deberíamos escuchar para comprender y determinar si acepta o evita la responsabilidad o culpa a otras personas. Nuestro objetivo es reunir los hechos y la información para poder identificar el problema con precisión y determinar por qué sucedió. Si minimizamos la actitud defensiva de la otra persona y no sacamos conclusiones precipitadamente, surgirán perspectivas distintas y podremos identificar la causa del problema.

En lugar de atribuir una etiqueta o rasgo negativo al individuo, deberíamos formular nuestros comentarios en términos no acusatorios. He aquí algunos ejemplos:

En vez de decir: «En el informe no hay suficiente información sobre materia de seguridad», podemos decir: «Este informe es muy exhaustivo, pero sería incluso mejor si la sección sobre seguridad fuese más detallada...».

En vez de comentar: «¿Por qué fuiste tan descuidado con estas estadísticas?» si es oportuno, habría que sustutirlo por una acción adecuada: «Joe Smith tiene los números actualizados que necesitas. ¿Puedes dar hoy con él?» o «¿Llamarás a Mary Ross de X-Tech para darle a conocer la fecha correcta de transporte?».

El modo en que el asociado se relacione con el problema –sus acciones, actitud y comportamiento en esta decisión– determinará nuestras posteriores acciones.

4. Restablecer el funcionamiento

El objetivo de este paso es poner remedio al problema, reducir las posibilidades de que el error ocurra otra vez y restablecer las funciones de la persona. También supone planear una forma de evitar que el problema ocurra de nuevo.

Este paso debería abordarse de manera distinta entre un asociado que acepta la responsabilidad y otro que la evita o que culpa a otras personas. Con el trabajador responsable, podemos preguntar, escuchar e instruirlo de manera eficaz para alentarlo a sugerir modos de corregir la situación. Podemos implicar al asociado en el análisis del problema y el proceso de toma de decisiones.

Con el trabajador que culpa o alude la responsabilidad, tal vez el gerente primero necesite reafirmar las expectativas de su rendimiento e instruirlo para que acepte la responsabilidad.

5. Tranquilizar

Este paso está centrado en la persona. Obviamente, una persona que ha cometido un error puede sentirse fracasada hasta cierto punto, y es probable que esté menos dispuesta a abordar la siguiente oportunidad con confianza. Por consiguiente, el gerente debe ayudar al asociado a ver la situación en un contexto distinto.

El asociado necesita convencerse de su valía e importancia para la empresa y asegurarse de que cuenta con el apoyo y el ánimo del gerente. El asociado debería irse de la reunión motivado para lograr un rendimiento óptimo porque percibe una relación sólida con la empresa.

La persona que culpa o evita la responsabilidad debería irse con una sensación de responsabilidad y comprendiendo las expectativas de la empresa. También debería comprender que estamos interesados y comprometidos con su éxito y desarrollo.

6. Conservar

Si hemos abordado bien los pasos anteriores, habremos incrementado nuestras posibilidades de conservar a la persona y también habremos fortalecido su compromiso. Asimismo, refuerza la moral de todo el equipo. De este modo generamos más confianza y aumentamos los niveles de compromiso y la ética del trabajo.

7. Repetir

No obstante, a veces las personas se resisten a nuestros esfuerzos por arreglar la situación o su actuación o se niegan a vincularse con el asunto. En tales casos, nuestro siguiente paso será repetir los hechos, la seriedad, la política y el remedio adecuado del asunto, dándole así a la persona una oportunidad más para actuar de manera correcta.

8. Reprobar

Cuando las personas se niegan a aceptar la responsabilidad, tal vez tengamos que recordárselo de alguna manera antes de tomar otras medidas. La mayoría de empresas han determinado las políticas y los procedimientos que se deben seguir antes de poder tomar ninguna acción disciplinaria. Éstas son especialmente importantes en las empresas que tienen contratos o bien con empleados individuales, o bien con sindicatos. En el capítulo 9 hablaré de cómo llevar a cabo estas acciones.

9. Relevar

Algunas veces descubrimos que el empleado no encaja bien en una determinada tarea, proyecto, o en algunos casos en la mayor parte de las actividades del departamento. Tal vez necesitemos analizar sus fortalezas, intereses y objetivos y buscar a alguien de la empresa que se ajuste mejor a la tarea. Perpetuar una situación en la que las personas sienten que nunca pueden prosperar es una injusticia para los empleados y para las empresas.

El último recurso, después de que nuestros intentos por enseñar a desempeñar una función deseada hayan sido infructuosos, es relevarlos de esta área de responsabilidad, es decir, sustituirlos, darles otra tarea o despedirlos de la empresa. Hay que recordar que debemos cumplir con las políticas de la empresa cuando tomemos esta decisión.

Lo más importante

- El trabajo de un líder es asegurarse de que todos los miembros del grupo o equipo conocen los objetivos de la empresa y los métodos y las técnicas más novedosas que les permitan alcanzarlos. Les ayudan a aprender lo que ignoran y a perfeccionar aquello que ya saben.
- Igual que el entrenador de un equipo atlético está siempre atento para identificar las áreas donde pueden mejorar cada uno de los miembros del equipo, los buenos supervisores procuran trabajar

con cada uno de sus trabajadores para agudizar sus habilidades a fin de que puedan ser más eficaces en sus tareas.

- Dado que hoy en día buena parte de los trabajos se llevan a cabo en equipo, no basta con enseñar a cada miembro del equipo a actuar a la perfección. Es igualmente importante fusionar el grupo en una unidad de trabajo coordinada.

- Igual que el entrenador de un equipo de fútbol da charlas estimulantes al equipo antes del partido y durante los momentos de descanso, los líderes de equipo consideran que las charlas estimulantes potencian la producción y dan nuevo ímpetu a los miembros cuando decae su entusiasmo.

- Los buenos líderes reconocen toda mejora y buena intervención. Cuando se alcanzan ciertos logros, el líder le enseñará los conocimientos propios del trabajo, el funcionamiento de la empresa y los «trucos del negocio».

- A fin de evitar resentimientos y garantizar la cooperación, al corregir los errores de un asociado debemos centrarnos en el problema, no en la persona.

- Al tratar con asociados que no han logrado cumplir con ciertas normas de actuación, debemos proceder con la aplicación de «los nueve fundamentos».

Capítulo 7

Delegar sin temor

La delegación es un proceso en el que un gerente asigna a uno o más de sus asociados el desempeño de funciones o responsabilidades, y también concede la autoridad acorde con estas responsabilidades. Si el gerente determina y comunica los criterios de funcionamiento, hace que el delegado se responsabilice de la tarea. Cuando comparte las responsabilidades mediante la asignación de funciones, junto con la concesión de autoridad y responsabilidad, es cuando el gerente gestiona en lugar de cumplir.

Motivos para delegar

Como gerentes, podemos decidir delegar una tarea por muchos motivos, algunos de los cuales son:
- Quitarnos de encima parte de nuestro volumen de trabajo nos da tiempo para trabajar en otras tareas que pueden ser más complejas, más prioritarias o que requieren nuestra atención.
- La delegación es una oportunidad para que nuestros trabajadores evolucionen mediante tareas más exigentes.
- Nos permite sacar partido de las particulares destrezas o preferencias de otros miembros de nuestro equipo.

- La delegación nos permite distribuir nuestro volumen de trabajo, acelerando así la consecución de las tareas.

No temer delegar tareas

A fin de que la mayoría de supervisores o directivos realicen todas sus actividades, es esencial que deleguen parte de su trabajo a los subordinados. Con todo, muchos gerentes temen delegar. He aquí algunos de los motivos:
- Miedo al cambio y a lo desconocido.
- Incapacidad o indisponibilidad para delegar o habitual tendencia a microgestionar.
- Creer que somos los únicos que podemos realizar la tarea correctamente.
- Indisponibilidad para dejar de hacer algo que nos complace.
- Falta de confianza en un subordinado o en sus capacidades para realizar la tarea, y creer que «si queremos que algo se haga bien, debemos hacerlo nosotros mismos».
- Creer que es más rápido y fácil hacer nosotros una tarea que enseñar a los demás a hacerla.
- Temor a que los subordinados nos superen.
- Falta de confianza en nuestra propia capacidad para enseñar, dirigir y liderar a los demás.
- Temor a imponer o exigir a los demás; no querer ser el «malo de la película».
- Temor al conflicto.

Fortalecer la confianza en uno mismo

La mayoría de temores que acabo de enumerar se deben a la falta de confianza en uno mismo. Por ejemplo, Paul teme que si un subordinado realiza demasiado bien un trabajo, será una amenaza para él. «Si el jefe ve que uno de mis trabajadores puede hacer lo mismo que yo, mi empleo podría peligrar».

Pese a que se han dado situaciones en las que un directivo ha sido sustituido por un subordinado con un salario inferior, normalmente no se debían a este tipo de situaciones. De hecho, es más común que ocurra al contrario. La mayoría de empresas, a la hora de evaluar la capacidad de gestión de sus directivos, consideran la eficacia con que éstos desarrollan las capacidades de sus trabajadores.

Si Paul se vuelve tan competente como sea posible en su empleo, se ganará el respeto de sus supervisores y, dado que sabe que es bueno en su trabajo, aumentará la confianza en sí mismo. Al lograr que sus trabajadores sean más eficaces, será capaz de cumplir más con aquellos aspectos del trabajo que son de mayor importancia que aquellos que ha delegado a sus subordinados.

El temor de Ellen es más común. «Si mi subordinado lo echa todo a perder, seré yo la responsable». Todos los directivos son responsables del trabajo de sus subordinados. A fin de asegurarse de que el trabajo que delega a los demás se realiza correctamente y dentro del plazo establecido, debería seguir estos pasos cuando planee delegar tareas:

Planificar la tarea

Para que una actividad salga bien, ésta debe planificarse. Con demasiada frecuencia los supervisores no dedican mucho tiempo a preparar las tareas. Saben lo que debe hacerse y asumen que sólo con ordenar a un socio una tarea éste la realizará correctamente.

La planificación empieza con el hecho de tener un concepto claro de lo que debe hacerse. Incluso aunque hayamos realizado este tipo de trabajo numerosas veces, es importante considerarlo detalladamente una vez más. Debemos ponernos en la piel de nuestro compañero. Si nunca hubiéramos visto este proyecto con anterioridad, ¿qué querríamos saber? Conviene hacer una lista de los objetivos que nos gustaría alcanzar, de la información necesaria para ello, de los materiales, los instrumentos, las fuentes de apoyo y cualquier otra cosa necesaria para la tarea.

Una parte sumamente importante de la planificación es determinar a quién la vamos a asignar. Cuando seleccionemos a la persona, debemos tener presente la importancia de la asignación. Si es esencial que se termine con rapidez y con poca supervisión, debemos elegir a una persona que anteriormente haya demostrado la capacidad de hacer este tipo de trabajo. Sin embargo, si es un área en la que disponemos del tiempo suficiente para ofrecer una orientación, tal vez sea ventajoso asignarla a una persona menos capacitada y utilizar este proyecto como un medio para formar y desarrollar sus habilidades.

- Determinar las capacidades de cada uno de nuestros trabajadores para la tarea que debe realizarse. Delegar una tarea a alguien que no es capaz de hacerla correctamente está destinado a ser un fracaso. Si no contamos con nadie que sea capaz, no tenemos otra elección que realizarla nosotros mismos. Si éste es el caso, nuestra mayor prioridad debería ser formar a alguien para que sea capaz de encargarse de ella, para que la próxima vez que haya necesidad de delegar, tengamos disponible a una persona competente para la asignación.

- Determinar cuánta formación, orientación y supervisión podría necesitar el delegado o delegados en términos de tiempo y atención, así como otros recursos que podrían ser necesarios.

- Determinar el impacto que tendrá esta delegación en el volumen de trabajo actual de este individuo o individuos.

- Si el delegado no está el cien por cien del tiempo bajo nuestras órdenes (por ejemplo, está en equipos de proyectos), debemos determinar cómo nos ocuparemos de los conflictos entre prioridades o asuntos con sus demás supervisores.

- Además de vigilar la tarea en cuestión, deberíamos tener presente el lado humano de la dirección y el liderazgo de otras personas. Deberíamos emplear técnicas de comprensión interpersonal para saber cómo los delegados sienten que están yendo las cosas. Siempre tendríamos que ser conscientes de cómo progresan en su desarrollo y aumentar su confianza, inspirarlos para que rindan e instruirlos para ayudarlos a optimizar su potencial. Debemos crear situaciones en las que todos salen ganando y se benefician de los frutos de sus esfuerzos.

დ

Elogia a una persona por lo que hace bien y ayúdala gradualmente con sus deficiencias. Este método funcionará con casi todas las personas del mundo.

Dale Carnegie

დ

Aquello que se delega debería comunicarse de manera eficaz

Barbara estaba frustrada. Le había dado a Carol una descripción detallada de lo que quería que realizara y Carol le aseguró que lo había comprendido. Luego, una semana después, resultó que todo el trabajo que había hecho Carol era erróneo. Su excusa fue: «Creí que era eso lo que querías».

Como muchos supervisores, cuando Carol dijo que lo había comprendido, Barbara asumió que realmente lo había entendido. Para asegurarnos de que un subordinado entiende una tarea, no debemos preguntar: «¿Lo entiendes?». Es una pregunta carente de sentido. Con frecuencia, el subordinado pensará que comprende determinada tarea cuando en realidad no es así, y con toda su buena fe nos dirá que lo ha comprendido. A algunas personas quizás les avergüence decirnos que no lo entienden y nos dirán que sí e intentarán resolverlo ellas mismas. En lugar de preguntar: «¿Lo entiendes?» es mejor decir: «¿Qué es lo que vas a hacer entonces?». Si la respuesta indica que no se ha comprendido claramente, podemos corregir su percepción de la tarea de inmediato.

Morton estaba disgustado. Su jefe le acababa de comunicar un plazo de entrega que creía que no era nada realista. «Es inapropiado –pensó Morton– no voy a poder hacer tanto trabajo en tan poco tiempo. Haré lo que pueda, pero sé que no voy a lograrlo».

Con esta actitud, es improbable que Morton cumpla con el plazo de entrega. A fin de lograr toda la cooperación de un subordinado es importante que esta persona acepte completamente lo que queremos. Para ganarnos su aceptación, primero debemos explicarle la importancia de la asignación, y luego tratar de que participe en el proceso de planificación. «Morton, esta tarea debe estar en manos del jefe mañana a las diez de la mañana. ¿Cuándo crees que podrás terminarla?». Morton ahora puede advertir la urgencia del trabajo y juntos podemos elaborar un horario realista, que tal vez incluya la necesidad de ayuda adicional o la autorización para trabajar horas extra.

Aquellos que saben delegar diseñan una estrategia de comunicación para presentar con eficacia y eficiencia la tarea a sus delegados. Ello incluye prepararse para tratar cualquier posible oposición, anticipar preguntas y preocupaciones, etcétera.

Dar al delegado los instrumentos necesarios para realizar una tarea

En la empresa de Martha siempre escasea el tiempo dedicado la obtención de un equipamiento especializado. Cuando delegó un proyecto a uno de sus trabajadores, descuidó disponer de ese tiempo. A raíz de ello, todo el proyecto quedó empantanado. Martha tenía la responsabilidad de asegurarse de que su subordinado tenía todo lo necesario para la tarea y, como no lo cumplió, condenó al fracaso la totalidad del proyecto.

Otro tipo de «instrumento» que se debería proporcionar al subordinado es la autoridad necesaria para realizar la misión. A Martin le encomendaron cumplir con un ajustado plazo de entrega para un proyecto. Para ello era necesario trabajar horas extra, pero no le dieron la autoridad para solicitar más horas de trabajo. Eso retrasó la finalización del proyecto y resultó en el incumplimiento del plazo de entrega.

∿

La persona que acepta la responsabilidad, destaca frente a los demás en una oficina, una fábrica o en cualquier profesión, y es la que se sitúa en una posición delantera. Acepta la responsabilidad. Hazlo en tareas sencillas y lograrás grandes hazañas y éxitos.

Dale Carnegie
∿

Elaborar un plan de acción

En las tareas que supongan una cantidad importante de tiempo, es conveniente pedirle a nuestro socio que prepare un plan de acción antes de iniciar la tarea. Éste debería incluir únicamente aquello que deberá realizar, el plazo de entrega y los recursos que pueda necesitar.

La tarea de Rita consistía en organizar el plan de viaje de veinte comerciantes de todo el país para asistir a una reunión en Chicago. Antes de empezar, estableció un plan de acción en el que trató todos los aspectos de la tarea, entre ellos comentársela a los comerciantes, reservar los billetes de avión y el hotel y asegurarse de que todos recibían sus billetes con suficiente antelación. El plan incluía los horarios de inicio y finalización de cada fase, así como indicaciones de cualquier ayuda que pudiera necesitar en cada una de ellas. Cuando repasó el plan con su jefe, fue capaz de resolver todos los malentendidos o posibles problemas antes de empezar.

Dado que Rita estableció su plan de acción, tanto ella como su jefe pudieron revisarlo en cualquier momento a fin de ver cómo se estaba llevando a cabo el plan y detectar rápidamente cualquier problema.

Establecer puntos de control

Incluso aunque deleguemos la responsabilidad a alguien, nosotros, como gerentes, seguimos siendo responsables. Para asegurarnos de que la tarea se llevará a cabo correctamente y dentro del plazo fijado, podemos establecer puntos de control en momentos en los que podamos revisar el progreso de la tarea y, en caso de que algo haya salido mal, corregirlo antes de que sea demasiado tarde.

Los puntos de control no son inspecciones sorpresa. El socio sabe cuándo tendrán lugar y qué es lo que esperamos en cada momento. Por ejemplo, el lunes proporcionamos a Ted una tarea que deberá estar terminada el viernes. Le decimos: «Nos reunimos mañana a las 16:00 horas para hablar del proyecto. Para entonces deberías haber terminado las partes A y B». Si en el momento del control descubrimos errores, podemos corregirlos antes de que Ted continúe. Otra ventaja de los controles es que si a las 11:00 horas Ted ve que no va a ser capaz de terminar la parte B para las 16:00 horas puede pedir ayuda con suficiente tiempo para evitar que el proyecto se retrase.

Seguimiento

Por muy bien planificada que pueda estar nuestra tarea, es responsabilidad del supervisor hacer un seguimiento de vez en cuando y asegurarse de que se está llevando a cabo según lo acordado.

Alan cree que si hace seguimientos con demasiada frecuencia, sus trabajadores creerán que no confía en ellos: «Quiero que mis empleados sean verdaderos participantes. En cuanto muestro mi aceptación de su plan de acción, debo asumir que se ceñirán a él. Si los controlo, estaré anulando lo que trato de proyectar».

Alan tiene parte de razón, pero aun así él es el responsable último de que su departamento logre los resultados esperados, y si las tareas no se terminan correctamente, ello repercutirá en su aptitud. A fin de asegurarse de que se cumplen las tareas, es necesario hacer un seguimiento. Sin embargo, lo podemos hacer sin que nuestros trabajadores sientan que no confiamos en ellos.

El punto clave de la filosofía de gestión de Alan es la participación. Por consiguiente, debería realizar el seguimiento de manera que implique participación. En lugar de mirar por encima del hombro a sus empleados o de revisar inesperadamente lo que están haciendo, Alan debería incluir los seguimientos en el plan de acción. Cuando el subordinado idee el plan, debería incorporar controles a lo largo del proyecto. Así, una vez terminadas varias fases, el subordinado puede reunirse con Alan para revisar lo realizado hasta el momento. Es aconsejable fomentar al trabajador la posibilidad de juzgar el trabajo y, tal vez, de proponer algunos asuntos nuevos o adicionales para poder incorporar en la tarea. Por supuesto, Alan también daría los comentarios y las sugerencias oportunas.

De esta manera, el seguimiento forma parte del enfoque participativo y estimula al subordinado a lograr un éxito mayor en el cumplimiento de los desafíos de la tarea.

ॐ

Las personas rara vez triunfan a menos que disfruten lo que están haciendo.

Dale Carnegie

ॐ

Cuando delegamos no estamos abdicando

Los directivos deberían estar disponibles para ayudar a sus trabajadores en caso de que lo necesiten. Cuando Duncan le asignó un nuevo proyecto a Andrea, le dijo: «Estoy aquí para ayudarte. Si tienes cualquier problema, no dudes en acudir a mí».

Andrea lo interpretó literalmente y, en lugar de intentar abordar ella los problemas, acudía a Duncan. Esta situación no sólo le privó a Duncan de una cantidad exorbitante de tiempo, sino que no contribuyó a desarrollar las habilidades de Andrea.

La próxima vez que Duncan delegó un proyecto a otro de sus trabajadores, destacó de nuevo su disponibilidad para ayudarlo, pero agregó: «Tráeme los problemas que tengas, pero sugiere una solución».

De este modo, alentó a sus trabajadores a pensar sobre la situación y a acudir a él con sus propias conclusiones. Los trabajadores le preguntaban: «¿Crees que esto funcionará?» en lugar de: «¿Qué debería hacer?».

La finalización de la tarea

No existe una manera correcta de hacer algo. Al final, de lo único que se trata es de lograr con éxito el resultado deseado. Como directivos que delegamos tareas, debemos preguntarnos cómo desempeñamos esa tarea. ¿Conseguimos nuestro objetivo? ¿Qué hicimos bien y qué hicimos mal durante el proceso? Si es el caso, ¿qué deberíamos haber hecho diferente? ¿Qué haremos de manera distinta en el futuro?

Podemos analizar cómo actuó el delegado. ¿Estuvo a la altura de la situación? ¿Le exigió demasiado el desafío o se abrumó más allá de sus capacidades? ¿Aprovechamos esta oportunidad para dar al delegado nuestros elogios o reconocimiento, con recompensas, en caso de que fueran merecidas, y proporcionamos también una crítica justa, abierta, honesta y constructiva?

Debemos considerar de qué modo puede haber cambiado nuestra relación con el delegado a raíz de esta experiencia y de qué manera será a partir de ahora; de qué forma podemos haber madurado en este progreso o remediado alguna dolencia.

Finalmente, es preciso no olvidar que somos los responsables últimos del resultado en el momento de informar a nuestros supervisores. Como gerentes y líderes, nuestra obligación es compartir el mérito y celebrar el éxito con nuestros delegados. Sin embargo, la otra cara de la moneda de «llevar la corona» es que si las cosas salen mal, la culpa recaerá únicamente sobre nosotros. Al final, en eso consiste el liderazgo y la dirección.

Si nos ceñimos a un enfoque sistemático a la hora de delegar, podremos realizar más tareas porque nuestros trabajadores estarán haciendo aquellos trabajos que son más propios de los subordinados, dándonos más tiempo libre para hacer tareas más importantes. También estaremos cumpliendo uno de los papeles más fundamentales de un directivo: mejorar las capacidades de nuestros empleados. Delegar es uno de los mejores medios para ofrecer a las personas una experiencia de suma importancia para su propio desarrollo.

Delegar tareas a equipos

Cuando una empresa está estructurada en equipos, las tareas deberían delegarse y asignarse como si fueran actividades de equipo. Si las personas tienen cierto control sobre las tareas que les encomendamos, se enfrentarán a las mismas con entusiasmo y compromiso.

Cuando el jefe nos da un proyecto complejo, debemos presentarlo íntegramente a nuestro equipo. Deberíamos discutir con él cómo dividiremos las fases de la tarea. Luego será más fácil delegar cada una de las fases a un miembro del equipo. La mayoría de miembros decidirán encargarse de las áreas que más dominan. Si dos miembros quieren la misma área, es mejor dejar que lo resuelvan entre ellos, aunque si se pone difícil, podemos entrometernos y resolver el problema diplomáticamente:

«Gustav se encargó de la investigación en el proyecto anterior, de modo que ahora le tocará a Liz ocuparse de la misma».

Ciertas fases de la tarea van a ser complejas y desagradables. Nadie va a ofrecerse voluntariamente a hacerlas. Conviene que el equipo tenga un sistema equitativo para asignar este tipo de tareas.

Como líderes del grupo, debemos asegurarnos de que todos los miembros saben cuáles son las responsabilidades de los demás y también las propias. De este modo, todos conocen lo que hacen los demás y qué tipo de ayuda pueden ofrecer y recibir de ellos.

Para mantener a todos los miembros informados, podemos crear una tabla que enumere cada fase de la tarea, la persona encargada, los plazos de tiempo y otra información pertinente. Podemos colgar la tabla en la oficina para que puedan recurrir a ella más fácilmente.

Lo más importante

Algunos puntos clave respecto al hecho de delegar:

- En cuanto se han establecido los objetivos, deben determinarse los medios para conseguirlos, y después las tareas que deberán realizarse y las responsabilidades asociadas a las mismas.
- La necesidad de delegar tareas se debe al hecho de que las responsabilidades necesarias son demasiado complejas, diversas o voluminosas para que se encargue una sola persona.
- Cuando delegamos a alguien tareas y las responsabilidades asociadas, también debemos delegar el grado de autoridad necesario para que lleve a cabo las tareas asignadas. Delegar sin otorgar ciertos poderes sólo llevará a frustraciones y fracasos.
- La responsabilidad es la obligación que tiene el delegado a llevar a cabo las tareas necesarias. También es obligación del mismo

obtener los resultados deseados. La responsabilidad última es la obligación general del gerente de alcanzar los objetivos de la empresa de manera exitosa.

- Delegar tareas lleva tiempo –planificación, comunicación, control, etcétera–, pero nos ahorrará tiempo a largo plazo. Delegar no debe ser una solución rápida (a pesar de que puede serlo en algunas ocasiones), sino un enfoque estratégico a largo plazo para la realización de las tareas.

- Importante: cabe recordar que delegar responsabilidades y autoridad no significa delegar toda la responsabilidad. El gerente sigue siendo el último responsable de conseguir el resultado final. Los directivos y los líderes deben asumir tanto lo bueno como lo malo.

- Finalmente, conviene recordar la frase: «Delegar no es una abdicación». Y, cuando se termina con éxito, ¡conviene no olvidar dar nuestro reconocimiento y celebrarlo!

Capítulo 8

Fomentar la innovación y la creatividad

«Más, mejor, más rápido y más barato» parece ser el lema que con frecuencia escuchamos en nuestros días. ¿Cómo mantener el paso con los cambios y abordarlos activamente?

La dificultad no se encuentra solamente en el cambio. El problema es la rapidez del cambio, que cada vez es mayor. Esto es esencial para el futuro de nuestra empresa.

La capacidad de crear nuevos productos o sistemas de innovación y desarrollar los productos, servicios o sistemas existentes se ha estudiado de muchas maneras distintas a lo largo de los años. Algunos investigadores han tratado de descubrir y comprender qué es lo que hace que una persona sea creativa. Otros han examinado el tipo de entorno que estimula la creatividad y permite que ésta prospere. Otros se han centrado en el desarrollo de los productos y los servicios creativos.

Durante décadas, las personas han estado fascinadas por los procesos creativos: el conjunto de pasos ordenados mediante los cuales una persona o grupo utiliza los principios del pensamiento creativo para analizar un problema o una oportunidad de una forma sistemática, imparcial y aparentemente no convencional. Recientemente, la investigación moderna sobre las ciencias sociales y conductuales ha desmitificado el concepto al mostrar que incluso las capacidades más modestas de razonar, analizar y experimentar nos ayudan a comprender bien la naturaleza de la innovación y sus muchas caras y expresiones.

Esta mayor consciencia y comprensión capta la imaginación de los gerentes de todo el mundo que, conscientes de la calidad, admiten los grandes beneficios que tiene el hecho de fomentar a sus socios los poderes creativos y la capacidad para resolver problemas. De hecho, las encuestas muestran que la capacidad de pensar de forma creativa –de analizar los problemas y las oportunidades de maneras nuevas e innovadoras– al parecer es una de las destrezas más valoradas que podemos desarrollar tanto nosotros como nuestra empresa.

¿Por qué? Porque las ideas creativas dan lugar a nuevos descubrimientos, mejores formas de hacer las cosas, la reducción de los costes y la optimización del rendimiento, factores de vital importancia para gente de negocios que trabaja en entornos competitivos modernos.

El mecanismo del pensamiento

El mecanismo del pensamiento del cerebro humano está formado por dos elementos: una parte para el pensamiento creativo desinhibido y otra para el pensamiento analítico o crítico.

El término *mentalidad de luz verde* se refiere al proceso de pensamiento más propenso a la generación de ideas. En este caso, lo más destacado es la cantidad de ideas, no la calidad de las mismas.

La parte de juicio de la mente analiza y evalúa las ideas que surgen de la parte creativa y desinhibida. Aquí, el centro de atención es la calidad de las ideas. Con frecuencia se emplea el término *mentalidad de luz roja* para describir este proceso. Los pensamientos «de luz verde» y «de luz roja» son dos procesos distintos, y los dos son buenos y útiles. Simplemente, no pueden utilizarse al mismo tiempo.

A menudo encendemos la luz roja cuando alguien nos presenta una idea porque pensamos analíticamente antes de tener un concepto claro de sus repercusiones.

Esto no sólo ocurre con nuestras alentadoras ideas innovadoras de los demás, sino que lo interiorizamos y nos resistimos a abrir nuestra mente. Como la mayoría de nuestros procesos y sistemas educativos se han dedicado a desarrollar la función del pensamiento crítico (por ejemplo, la capacidad para tomar decisiones, comparar y evaluar situaciones, distinguir entre lo correcto y lo erróneo, etcétera), la mayoría de personas pasa por alto la magnitud de su propia capacidad creativa. De hecho, nuestro potencial en esta área está siempre presente y podemos ampliar su alcance con bastante facilidad. Nunca debemos perder la confianza en nuestra propia capacidad creativa.

ভ

Es aconsejable mantenernos abiertos al cambio todo el tiempo y exponernos al mismo. Sólo podemos progresar cuando examinamos y reexaminamos nuestras opiniones e ideas.

Dale Carnegie

Todos somos creativos

Todos somos creativos. Por desgracia, los juicios creativos que fluyen tan fácilmente cuando se cultivan están bloqueados en la mayoría de personas –desde su infancia– debido a la imposición de un excesivo análisis y a la conformidad a las figuras autoritarias presentes en sus vidas. Con demasiada frecuencia, la creatividad está interrumpida por el pensamiento de luz roja. «Deja eso», «se opone a la política de la empresa», «nunca lo hemos hecho así». En lugar de buscar motivos para no intentar nuevas ideas, deberíamos considerar las ideas innovadoras con una mentalidad abierta. Conviene encender la luz verde. Analizar las ideas con más profundidad. Expandir nuestro pensamiento más allá de las obviedades.

Gary cavilaba sobre una idea que podía aumentar la productividad mediante un simple cambio en la metodología. ¿Debía explicársela a su jefe? La última vez que había hecho una sugerencia, su supervisor la había rechazado. Dijo que no funcionaría. Nunca le dio la oportunidad de explicarla. ¿Por qué molestarse ahora?

Sólo la creencia de que nuestras ideas puedan ser rechazadas no debería privarnos de ser creativos. Es fácil abandonarse al desaliento, pero a menos que sigamos proponiendo nuevas ideas, sofocaremos nuestra propia capacidad creativa. La innovación se debe agudizar mediante el uso constante. Las personas tienden a censurarse preocupándose por cómo los demás recibirán sus ideas. La autocensura es mucho peor que las críticas de los demás porque hace que uno se sienta inepto. Cometeremos errores, haremos sugerencias que no funcionarán, incluso nuestro jefe o compañeros de trabajo nos ridiculizarán, pero no debemos dejar que eso nos detenga. Einstein, Edison, Whitney y Watt fueron ridiculizados numerosas veces. Deja que sigan surgiendo esas ideas creativas.

Bloquear la creatividad

No todas las ideas van a funcionar necesariamente, y ni siquiera va a merecer la pena luchar por ellas. Sin embargo, si por lo menos pensamos en ellas y las compartimos con los demás, podremos analizar su viabilidad. Si debemos rechazarlas, conviene indagar los motivos. No hay que perder la esperanza. Con frecuencia, por muy buena que parezca una idea, tal vez no encaje con la aplicación específica o no sea apropiada para ese momento. Eso no significa que no sea buena. Tampoco debemos interpretarlo como una ofensa personal. Es la idea la que ha sido rechazada, no nosotros.

Desarrollar la creatividad

La mayoría de personas no creen realmente que sean creativas. Durante toda su vida han aprendido que la creatividad es una clase de talento especial que sólo poseen los artistas, los inventores y los genios. No es cierto. Los psicólogos han demostrado que es posible desarrollar el pensamiento creativo. He aquí algunas cosas que podemos hacer para ser más creativos:

Observación

Uno no tiene que concebir nuevas ideas para ser creativo. Observar su alrededor y aplicar lo que se aprende a otras situaciones es tan creativo como una idea completamente innovadora.

Stan, el directivo de Hooper Steel en Las Vegas, descubrió que, a medida que había más y más gasolineras de «autoservicio» que no tenían instalaciones para cambiar el aceite y lubricar los vehículos, surgían nuevas estaciones de cambio rápido de aceite para cubrir esta necesidad. Stan utilizó una de ellas para su vehículo y se quedó impresionado por la celeridad y la calidad del trabajo.

Durante años, Hooper Steel había enviado sus camiones al concesionario para los cambios de aceite regulares. Para ello requería que dos personas llevaran el camión al concesionario (uno para transportar al otro a la tienda en su propio vehículo), dejar el camión en el concesionario todo el día y regresar para recoger el camión, de nuevo empleando el tiempo de dos personas.

«¿Por qué no utilizar la estación de cambio rápido de aceite para nuestros camiones?», pensó Stan.

El resultado fue que, al enviar a un conductor a la estación de cambio rápido de aceite y hacerlo esperar durante unos treinta minutos mientras se ocupaban del vehículo, Stan le ahorró a su empresa unos 1.600 dólares mensuales de desembolso y tiempo perdido. Además, podían utilizar el camión durante la mayor parte del día.

Modificación

¿Podemos modificar un producto o concepto existente para crear algo distinto? Los fundadores de «Think Big» modificaron productos clásicos al crear versiones mayores de los mismos. Su gran facsímil de productos populares, que iba desde lápices y libretas para apuntar recados telefónicos hasta animales y productos de decoración, creó un nuevo mercado de publicidad, decoración y novedades.

El desarrollo de nuestra industria informática y electrónica se basa en una modificación, ya que consiste en miniaturizar los sistemas y componentes electrónicos en microchips.

Sustitución

Darlene, directora de Mass Mailers, estaba hallando dificultades para conservar al personal que desempeñaba una tarea rutinaria terriblemente aburrida: colocar folletos y muestras en sobres. La naturaleza del trabajo era tal que no podía hacerse a máquina. Con todo, no sólo el coste de esta rotación de personal era caro, sino que nunca podía estar segura de que habría alguien para realizar dicha tarea. Pensó que si las personas «normales» encontraban tan tedioso este trabajo, tal vez no ocurría lo mismo con individuos con algún tipo de deficiencia mental. Al cubrir los puestos con personas con alguna «deficiencia», Darlene fue capaz de contratar a trabajadores que no se aburrían con el trabajo y que se han convertido en trabajadores fijos y valorados.

Descarte

Gil estaba furioso. Su empresa había añadido otro formulario más que debían rellenar los vendedores. ¿Cómo podía vender cuando tenía tantos papeles que rellenar? Cuando se quejó a su encargada, ésta se encogió de hombros y dijo que «arriba» necesitaban la información. Gil tomó todos los formularios que debía rellenar, los dispuso uno al lado de otro y analizó la información que era necesaria. Descubrió que había una cantidad importante de datos duplicados. En lugar de quejarse de ello, Gil diseñó un nuevo formulario que proporcionara los datos imprescindibles para la directiva y que fuera fácil de rellenar. Con ello no sólo facilitó el trabajo de los vendedores, sino que también le ahorró a la empresa bastante tiempo y dinero. Además, hubo otro beneficio: inició a la empresa en una revisión sistemática de todos los formularios que llevó al descarte de muchos informes obsoletos e innecesarios.

Éstas son sólo algunas maneras de estimular la creatividad. Si ampliamos nuestra imaginación, expandimos nuestros horizontes y terminamos con los enfoques convencionales de los problemas, nos volveremos más ingeniosos, solucionaremos problemas difíciles e iniciaremos e implementaremos nuevos y apasionantes conceptos. Ello no sólo será un beneficio para la empresa, sino que ver nuestras ideas implementadas con éxito nos proporcionará una gran sensación de logro.

ભ

La diferencia entre una persona exitosa y otra fracasada con frecuencia yace en el hecho de que la primera sacará partido de sus errores y lo intentará de nuevo de un modo distinto.

Dale Carnegie
ભ

La creatividad grupal

La mayoría de personas visualizan a la persona creativa como alguien que hace su trabajo y genera ideas o invenciones, como Bill Gates o Steve Jobs. De hecho, muchos conceptos creativos provienen de grupos de personas que trabajan conjuntamente. La interacción y el intercambio de ideas estimulan la creatividad.

El antiguo dicho de «dos cabezas piensan mejor que una» y su amplificación, «muchas cabezas piensan mejor que unas pocas», se ha demostrado cierto una y otra vez. Los esfuerzos grupales en comités y conferencias han ayudado a solucionar muchos problemas.

Un enfoque que se ha empleado con eficacia es la *tormenta de ideas*. Se trata de una técnica para obtener tantas ideas como sea posible acerca de un tema determinado. La diferencia entre la clase de reunión común y la tormenta de ideas es que el objetivo es simplemente generar ideas (pensamiento de luz verde). Para sacar el máximo provecho de nuestra sesión de tormenta de ideas, está prohibido el pensamiento de luz roja. Los participantes no pueden criticar, analizar, rechazar ni aceptar ninguna sugerencia de ningún participante al margen de que puedan considerarla ridícula, mediocre o genial.

El principio psicológico que hay detrás de la tormenta de ideas se denomina activación. Cualquier idea puede activar otra en la mente de un oyente. Una idea ingenua de una persona puede llevar a una buena idea de otra. Si se permite a los participantes pensar libremente y no preocuparse por cómo será acogida su idea, la tormenta de ideas expande la mente de las personas y cimenta el camino para una idea que quizás sea valiosa.

En una sesión típica de tormenta de ideas, el grupo aborda un tema sencillo, anunciado antes del encuentro. En cuanto el presidente introduce el tema, se convierte en otro miembro del grupo, y se nombra a una persona para enumerar las ideas en un rotafolios. Las ideas se anotan al tiempo que se pronuncian. No se hacen comentarios a favor ni en contra de las mismas. Se fomenta la espontaneidad; cuanto más alocada sea una idea, mejor. El éxito se mide por el número de ideas que han surgido. Se anima a los participantes a apuntarse a ideas que se presentan. Después de la sesión, un comité revisa, investiga y analiza las ideas. Sólo entonces empieza el pensamiento de luz roja.

La tormenta de ideas no es adecuada para toda clase de problemas, pero puede ser útil en muchas situaciones. Funciona mejor cuando se trata de solucionar problemas específicos que cuando hay que determinar objetivos a largo plazo o políticas generales. Algunos ejemplos de una tormenta de ideas eficaz son cuando hay que poner nombre a un nuevo producto, abrir nuevos canales de distribución, hacer menos aburrido un trabajo y desarrollar enfoques no tradicionales para comercializar un producto o servicio.

Estar abiertos a todas las ideas

«Nuestra empresa es distinta». ¿Cuántas veces hemos oído esta frase? Muchas empresas creen que son únicas y, a menos que ella misma sea la que genere una idea, proceso o programa, éstos no se ajustarán a sus necesidades. Por supuesto, cada empresa tiene su propia cultura y singularidad, pero podemos aprender mucho de otras empresas, incluso de aquellas cuyo negocio difiere mucho del nuestro.

Salir de la rutina

Cuando las personas trabajan juntas durante mucho tiempo, tienden a pensar del mismo modo. Las ideas que expone una persona pueden ser aceptadas por todos sin un análisis crítico, ya que todos los miembros del grupo lo ven del mismo modo. Alfred Sloan, uno de los fundadores de General Motors, admitió esta situación. La empresa estaba a punto de emprender un proyecto importante. Todos los miembros del grupo involucrados, entre ellos Sloan, creían que era una buena idea. Sin embargo, éste se sentía inquieto al respecto. Dijo al grupo que debían pensar en ello más detenidamente, revisar los problemas que podían haber tenido otras empresas con proyectos similares.

Postergó la propuesta varios meses. Cuando se reunieron de nuevo, debatieron muchos detalles que habían pasado por alto, y lo que se había instituido acríticamente unos meses antes se volvió a considerar y a perfeccionar.

℞

*Uno tiene que descubrir cuál es su forma natural de pensar
y luego seguir este método.*

Dale Carnegie

Referencias comparativas

Uno de los principios básicos del concepto de «gestión de calidad total» es que las empresas exitosas no temen copiar ideas de otras empresas que puedan ser útiles para lograr sus propios objetivos. De hecho, uno de los requisitos de los premios Malcolm Baldrige –el mayor reconocimiento que hace el gobierno estadounidense de los negocios de gran calidad– es que los participantes compartan los métodos y las técnicas utilizadas para conseguir el premio con todas las partes interesadas. A eso se le da el nombre de *benchmarking*, que podría traducirse por «aplicación de referencias comparativas».

Competidores directos

Uno tal vez se pregunte por qué una empresa exitosa querría compartir con sus competidores aquello que le proporcionó el éxito. Es cierto que muchas organizaciones no compartirán sus secretos comerciales, pero buena parte de lo que proporciona calidad no es tanto un «secreto» como un proceso que beneficia a todos.

José regenta una pequeña empresa de reparación de electrodomésticos en Grainesville, en Florida. No funciona tan bien como debería. A José le gustaría pedirle consejo a Carlos, uno de sus exitosos competidores, pero sabe que probablemente se reirá de él. ¿Por qué Carlos debería ayudar a una persona que tal vez le perjudique el negocio? Sin embargo, José no tiene que limitarse a las personas que son sus competidoras directas. Sabe, por una publicación comercial, que una pequeña firma de Pell City, en Alabama, ha superado muchos de los problemas con los que ahora se encuentra. Estas personas no son competidoras y es mucho más probable que compartan algunas de sus ideas con José. Una llamada telefónica o, mejor aún, una visita a la firma logrará este objetivo.

Observar otras empresas

Nuestra empresa no es única. Otros negocios bastante distintos del nuestro tal vez se hayan encontrado con problemas similares y los hayan solucionado. Quizás estén deseando ayudarnos.

Uno de los servicios de enlace entre los alrededores de Nueva York y los aeropuertos está plagado de quejas. Los clientes que llamaban para que los recogieran tenían que esperar entre nueve y diez tonos para que les atendieran, y luego les ponían la llamada en espera durante unos minutos. Al final, cuando hablaban con un administrador, tenían que responder muchas preguntas sobre su recogida, incluso aunque hubieran utilizado el servicio en numerosas ocasiones.

El propietario pidió ayuda a otros transportistas de diversas ciudades, pero todos tenían el mismo problema y no lo habían solucionado. Como ocurre en la mayoría de lugares, al ser los medios de transporte más baratos, creían que su bajo coste justificaba la espera.

Uno de los trabajadores de esta empresa dijo a su jefe: «Yo solía tener el mismo problema cuando pedía mercancías a una empresa de pedidos de ropa y equipamiento exterior. Esperaba a que me atendieran, y luego me pedían mi dirección, número de cuenta, tallas, etcétera, cada vez. Ahora, cuando llamo, tienen todos los datos en un ordenador. Responden rápidamente la llamada y en cuanto les doy mi nombre y número de teléfono, lo único que necesitan saber es lo que quiero pedir. Termino la llamada en unos pocos minutos.

El propietario concertó una cita para hablar con un ejecutivo de esa empresa, que se alegró de darle información sobre el programa informático que utilizaban. En unos pocos meses instalaron un programa similar que palió la mayoría de problemas a los que se enfrentaban.

Unos pocos años después, leyó algo de un sistema optimizado y actualizó su programa para que cuando la identificación de llamada supiera quién era el interlocutor, el ordenador abriese rápidamente el fichero del cliente y mostrase toda la información necesaria instantáneamente.

Fomentar que los empleados se comparen con otros

El hecho de aprender de otras empresas no se limita a los ejecutivos. Debería fomentarse que los trabajadores mejoraran sus destrezas pidiendo ayuda a otras personas expertas de su campo.

Melissa, una analista de investigación de mercado, tenía como norma asistir a reuniones del departamento local de la American Marketing Association. En una reunión se sentó en la misma mesa que Angela, quien entonces estaba trabajando para un proyecto de marketing que utilizaba unas nuevas técnicas con las que Melissa no estaba familiarizada. Angela la invitó a visitarla en su oficina para que viera el sistema. Melissa le pidió a su jefe que le dejara pasar algún tiempo en la empresa de Angela para estudiar lo que estaban haciendo. Con ello, Melissa consiguió conocer un nuevo enfoque para su trabajo que le permitió desempeñar su labor con más eficacia.

Cuando uno soluciona sus propios problemas, siente una satisfacción especial que no debería infravalorarse. Sin embargo, no somos los únicos que hemos afrontado estos problemas. Si investigamos lo que otros han hecho y buscamos ayuda de otras empresas y personas exitosas, ahorraremos mucho tiempo y esfuerzos y hallaremos respuestas que nos mantendrán, tanto a nosotros como a nuestra empresa, a la vanguardia de nuestro campo.

Correr riesgos

Cuando Alex era un muchacho y vivía en Chicago, él y sus amigos eran fanes incondicionales de los Cubs. Estaban eufóricos cuando su equipo ganaba y tristes cuando perdía. Alex sentía las pérdidas más que sus amigos. Cuando los Cubs perdían, se deprimía profundamente. Después de una temporada especialmente mala, Alex pensó: «No vale la pena. Nunca volveré a involucrarme tanto con un equipo que me pueda hacer sentir tan mal». Desde entonces, se negó a implicarse con los Cubs o con cualquier equipo de otro deporte.

Alex trasladó este concepto a los demás aspectos de su vida. Su filosofía era: «si no me involucro demasiado, nunca sufriré». En la escuela y en su trabajo siempre tomó el camino seguro. En realidad, Alex nunca sufrió, pero tampoco tuvo verdaderas alegrías. Al no arriesgarse a que aquello que respaldaba pudiera no salir bien, evitó el «dolor de la derrota», pero nunca sintió «la alegría del éxito».

No temer los compromisos

El doctor Robert Jarvik trabajó durante años en la creación de un corazón artificial. Nunca se había logrado crear uno y sus compañeros y otros «expertos» le dijeron que jamás lo podría conseguir. Jarvik no sólo estaba dispuesto a arriesgarse a que todo su trabajo resultara inútil, sino que también estaba comprometido a seguir intentándolo hasta lograrlo.

Los inventores e innovadores siempre han sentido el ridículo. Todos hemos leído que el barco de vapor de Fulton recibió el apodo «la locura de Fulton» y que los primeros automóviles fueron recibidos con la desdeñosa acusación de «consigue un caballo». Edison lo intentó y fracasó cientos de veces antes de inventar la bombilla. Los inventores deben comprometerse y estar dispuestos a sufrir las burlas de los demás y a enfrentarse a las muchas dudas y decepciones de fracasar una y otra vez antes de alcanzar su objetivo.

No ser reacios a las divergencias

Liz estaba preocupada. En el grupo todos parecían estar de acuerdo en que la idea que estaban debatiendo iba a solucionar su problema. Si expresaba su desacuerdo, los demás creerían que tenía una actitud rebelde. Lo más fácil era permanecer en silencio, pero Liz estaba segura de que el grupo había pasado por alto un aspecto importante del problema. Liz se arriesgó a ser rechazada; sin embargo, al decir lo que creía, permitió que el grupo observara el problema desde un ángulo distinto y llegara a una mejor conclusión.

Observar la tortuga

La tortuga es una fortaleza con vida. Su impermeable caparazón la protege de todo tipo de daños. Sin embargo, si la tortuga quiere moverse, debe sacar la cabeza y el cuello del caparazón, exponiéndose así a los peligros del entorno. Como la tortuga, si queremos avanzar, no podemos envolvernos con una protección perfecta. Debemos jugárnosla para progresar.

Arriesgarse no significa que uno deba ser temerario. Las personas razonables corren riesgos razonables, pero, por definición, un riesgo puede salir mal. Los ejecutivos de empresas importantes corren riesgos con cada decisión que toman. Sin embargo, maximizan su probabilidad de tener éxito al investigar y analizar antes de tomar cualquier decisión. No obstante, cuando finalmente deben tomar la decisión, los ejecutivos deben estar dispuestos a arriesgar la posible pérdida de dinero, de tiempo, de energía y de emociones. Sin riesgo no hay posibilidades de ganar.

Los campeones corren riesgos

Es el final de la novena entrada. Los Blue Jays ganan a los Yankees por 2 a 1. Los dos primeros bateadores pierden su turno por no conectar con la pelota. Dave Winfield, el mejor bateador de los Yankees, está listo para batear. La pelota viene directamente por la base. ¡Zas! Un golpe limpio. Winfield corre a la primera base. La alcanza fácilmente. ¿Debería intentar ir a la segunda? En cuestión de décimas de segundo, Dave debe decidir si ir a lo seguro o correr el riesgo de intentar alcanzar la segunda base, que lo colocaría en posición de anotar. Si fracasa, termina el partido, pero si se arriesga aumenta la posibilidad de convertir una derrota en una victoria. Winfield es de los que se arriesgan, y si hay una oportunidad para mejorar en vez de empatar, intenta un doble. En la vida, al igual que en los deportes, los campeones correrán riesgos. Esto es lo que los convierte en campeones.

¿Qué es lo peor que puede ocurrir?

En el libro de Dale Carnegie titulado *How to Stop Worrying and Start Living*, el autor aconseja que cuando uno se halle en dificultades, se pregunte qué es lo peor que le podría ocurrir, se prepare para ello e intente superarlo.

Ser creativo requiere arriesgarse a fracasar

Todos hemos fracasado en muchas de las cosas que hemos intentado a lo largo de nuestra vida, pero aprendemos de nuestros errores y aprovechamos lo que aprendemos para superarlos. La primera vez que intentamos algo nuevo, es probable que no obtengamos los resultados esperados. Cuando la pequeña Tricia intentó completar su primer rompecabezas, lloró de la frustración. Las piezas no encajaban. Pero con paciencia y un poco de ayuda de su madre, empezó a identificar los dibujos y en poco tiempo sus fracasos se convirtieron en logros.

Incluso aunque tengamos experiencia y conocimientos, no siempre podemos tener éxito. Habrá momentos en los que fracasaremos, pero no debemos dejar que el concepto de fracaso nos abrume. Aprendemos de nuestros errores y empleamos lo aprendido para superar nuestros fracasos.

Todos debemos correr riesgos si queremos progresar en nuestros trabajos y nuestras vidas. Si analizamos cuidadosamente la situación, podemos minimizar las posibilidades de fracaso, pero nunca podremos eliminarlas del todo. Sin dolor no se gana. Si siempre vamos a lo seguro, tal vez evitemos el dolor, pero nunca sentiremos la gran alegría y satisfacción que resulta de la superación de los obstáculos y el alcance de nuestros objetivos.

Lo más importante

- La capacidad de pensar de forma creativa –de analizar los problemas y las oportunidades de maneras nuevas e innovadoras– al parecer es una de las destrezas más valoradas que podemos desarrollar tanto nosotros como nuestra empresa.
- Cuando busquemos soluciones, debemos utilizar primero el pensamiento «de luz verde» para desarrollar nuevos conceptos, ideas o enfoques. Luego hay que cambiar al pensamiento «de luz roja» para analizar y evaluar.
- Algunas de las cosas que podemos hacer para ser más creativos son:
  — Observar y utilizar lo que aprendemos en una situación para resolver un problema distinto.
  — Modificar un producto o concepto existente para encajar en nuevas situaciones.
  —Sustituir distintos métodos por enfoques tradicionales menos eficaces.
  — Evaluar los sistemas y los procedimientos y eliminar las repeticiones y las redundancias.
- Utilizar la tormenta de ideas en grupo para lograr una plétora de ideas.
- Las referencias comparativas nos pueden ayudar a aprender cómo otras empresas han abordado problemas similares a los nuestros.
- No temer correr riesgos razonables al afrontar las situaciones.

Capítulo 9

Afrontar los problemas de liderazgo

Cuando nos ascienden o asignan a un puesto de liderazgo, no obtenemos automáticamente las destrezas y las técnicas que nos hacen buenos líderes. Tenemos que adquirirlas, y eso empieza con ganarnos el respeto de nuestros socios.

Ser buenos en lo que hacemos

Las personas respetan la profesionalidad. Eso no significa que tengamos que ser capaces de desempeñar las funciones de nuestros compañeros mejor que ellos. De hecho, cuanto más asciende uno en la directiva de una empresa, es menos probable que pueda hacer muchas de las tareas que hace un solo miembro. Normalmente, el presidente de una empresa no será capaz de utilizar todos los equipos o de programar todos los ordenadores utilizados en la empresa. Incluso en los niveles más bajos de la dirección, probablemente necesitaremos supervisar personas que desempeñan tareas bastante distintas de las nuestras. Sin embargo, si lo hacemos todo de forma profesional, nuestra gente nos respetará.

Tratar con justicia a los demás

A menos que tratemos a nuestros trabajadores de manera imparcial, no sólo no nos ganaremos su respeto, sino que también aumentaremos su resentimiento. Eso no significa que debamos dirigir a todos del mismo modo. Las personas difieren las unas de las otras, y los buenos líderes se aprenden estas diferencias y confeccionan la manera de tratar a cada uno de ellos de acuerdo con sus individualidades.

ഗ

Si uno puede ser amable y considerado durante un día, entonces puede serlo otro día más. No le costará ni un penique. Debe empezar hoy mismo.

Dale Carnegie
ഗ

Defender a los nuestros

Si nuestro departamento está teniendo una disputa con otro, deberíamos defender a los nuestros incluso aunque no siempre sea políticamente correcto. Mark, el jefe de Eileen, vociferó en su oficina:

—¿Qué está intentando hacer tu equipo? El personal de Cora no puede empezar su proyecto hasta que les envíes todos los datos. Los ha pedido varias veces y lo único que consigue es la vieja excusa de que «se ha estropeado el ordenador». ¿Qué le pasa a tu grupo?

Eileen no quería llevarle la contraria a su jefe, pero sabía que sus trabajadores habían estado dando lo mejor de sí mismos para conseguir los datos y realmente estaban teniendo problemas con un nuevo programa informático. Le respondió:

—Mark, estamos tan ansiosos como Cora por reunir los datos, pero el problema informático es real, no es una excusa. El técnico ha venido a solucionar el problema y debería empezar a funcionar hoy.

Reconocer a las personas su trabajo

Debemos dar cumplidos. Hacerles saber que apreciamos su trabajo. Una de las cosas más devastadoras que puede hacer un supervisor es atribuirse el mérito de algo que han hecho sus trabajadores.

Escuchar a nuestros socios

A menos que escuchemos, no podremos mantener una relación con los demás. Sin embargo, escuchar es algo más que simplemente estar de pie o sentado con los oídos abiertos. Debemos ser oyentes activos. Los oyentes activos hacen preguntas acerca de lo que les explican. Parafrasean las palabras «A mi modo de ver...». Cuando los demás saben que realmente los escuchamos, saben que los respetamos, y eso hará que también nos respeten más.

Apoyar a nuestro personal

Como he explicado en el capítulo 6, debemos darles los instrumentos y enseñarles las técnicas que les permitan prosperar en su trabajo. Tenemos que dedicar tiempo —incluso aunque eso requiera que trabajemos horas extra o que pospongamos otro proyecto— para formar a nuestros trabajadores, aconsejarles cuando tengan problemas y asegurarnos de que son una parte integrante de nuestro equipo.

Errores de liderazgo que deben evitarse

Ser supervisores nunca es una tarea fácil, y es especialmente arduo la primera vez que nos ascienden a un cargo de dirección. Observemos algunos errores habituales que cometen los supervisores.

Empezar con mal pie

Los primeros pasos que demos cuando empecemos nuestra nueva función determinarán el ambiente del departamento durante los próximos meses. Si nos han ascendido, hay posibilidades de que los demás trabajadores del departamento también hayan rivalizado por el puesto. Para minimizar su descontento, es mejor que *no* seamos nosotros los encargados de anunciar nuestro ascenso. Debería hacerlo la persona que tomó la decisión, el jefe. Él o ella tendría que sentarse con los candidatos no seleccionados y decir algo así:

«Tom, como sabes, eres una de las tres personas que consideré para el ascenso. Todos estabais sumamente cualificados, pero como sólo había una vacante, he tenido que tomar una decisión. Ha sido una decisión difícil. He elegido a Susan para el cargo. Eso no significa que hayas hecho un mal trabajo, pero como Susan tiene un conocimiento considerable del nuevo equipamiento, he creído que podría aumentar la productividad del departamento más rápidamente. Estamos expandiéndonos y habrá más oportunidades, y sin duda te tendremos en cuenta. Agradecería que pudieras ofrecerle a Susan toda la ayuda posible para que este departamento funcione tan bien como sabemos que es posible».

Cuando Susan empiece, no debería reunir al equipo y decir «soy la nueva jefa de este departamento y a partir de ahora haremos las cosas a mi manera». Ésta no es la forma de conseguir amigos e influir en los trabajadores. En lugar de convocar una reunión, es mejor que hable con cada miembro del departamento a nivel individual. Debemos compartir algunas de nuestras ideas y obtener algunas de las suyas. Conviene pedirles su cooperación: «No puedo hacer sola este trabajo. Es un esfuerzo de equipo y necesito tu ayuda».

Como nuevos supervisores, tal vez estemos deseosos de realizar cambios inmediatos y radicales en el modo de hacer las cosas en el departamento. ¡No debemos hacerlo! Los cambios deberían efectuarse a través de un proceso de evolución, y no mediante una revolución.

Tratar con los trabajadores-amigos

¿Cuán amigable debería ser un supervisor con sus subordinados? Ser demasiado amistosos con frecuencia puede interferir en el control necesario que debemos ejercer, mientras que ser demasiado distantes podría causar resentimiento y falta de cooperación. Además, hallar un término medio no es una tarea fácil.

Antes de que ascendieran a Barbara al cargo de supervisora del departamento de entrada de datos, tenía una especial amistad con tres de las diez mujeres que ahora supervisa. Ahora es su jefa. ¿Debería seguir manteniendo estas relaciones de amistad? Le agradaban esas tres mujeres y no quería perder su amistad. Sin embargo, las demás trabajadoras del departamento estaban celosas y, pese a que Barbara hizo todo lo que pudo para evitar cualquier signo de favoritismo, con frecuencia interpretaban sus acciones de manera negativa.

Barbara, disgustada por este motivo, pidió consejo a un supervisor experimentado:

«Probablemente una de las cosas más tristes que he tenido que hacer en mi profesión –le dijo– ha sido romper los lazos personales con antiguos compañeros a medida que ascendía en el escalafón, pero tenía que hacerlo. No lo hagas repentinamente, sino de forma paulatina. Pon fin gradualmente a la socialización después del trabajo y durante las comidas. Empieza a comer con otros supervisores. Al principio, a tus antiguas amigas les dolerá, y tú no te sentirás bien, pero si no lo haces no serás capaz de dirigir tu departamento de forma eficaz y se reducirán tus posibilidades de seguir ascendiendo en la empresa».

No llegar a conocer y aprovechar los talentos de los demás

Claudia y Dave eran personas muy creativas. Tenían muchas ideas buenas que podían haber facilitado el trabajo de todos los miembros de su departamento. Sin embargo, Carla, su supervisora, insistió en que debían hacer todo «como siempre se ha hecho».

Cuando el jefe de Claudia le reprochó el bajo nivel de producción de su departamento, enfureció:

«No es culpa mía. Mis trabajadores no se preocupan por el trabajo».

De haber aprovechado el talento de Claudia, Dave y de otros socios, no sólo sus contribuciones habrían aumentado la producción, sino que su gente se habría «preocupado» por el trabajo, obteniendo así mejores resultados.

Abordar la negatividad

Al margen de que podamos ser buenos directivos, ocasionalmente tendremos a personas negativas entre nuestros socios. Sid es el prototipo de trabajador negativo. Desaprueba cualquier cambio que queramos hacer. Incita a los demás trabajadores a oponerse a nosotros. Discute todos los asuntos y sólo cumple las órdenes a regañadientes cuando somos categóricos.

Nada de lo que hacemos parece ayudar. Gritar sólo hace que él discuta más ruidosamente; razonar no funciona; nos ignora cuando lo amenazamos con castigos y el mismo castigo sólo nos proporciona beneficios temporales.

¿Por qué Sid se comporta de esta manera? Con frecuencia se trata de un problema duradero, que empieza en la infancia con actos de rebeldía frente a los padres, continúa en la escuela con enfrentamientos con los profesores y los directores, y ahora en el puesto de trabajo con el supervisor, que es la figura autoritaria contra la que lucha.

Poco podemos hacer para cambiar esta actitud. Necesita ayuda profesional. Lo único que podemos hacer es tratar de cambiar su comportamiento en situaciones específicas, una empresa difícil pero posible.

Cabe recordar que la persona con la que uno está hablando está cien veces
más interesada en sí misma y en sus problemas que en nosotros
y en nuestros problemas.

Dale Carnegie
ଓ

Todas las personas quieren tener cierto control sobre sus vidas. La mayoría de nosotros nunca lo tenemos, porque desde la infancia alguien nos está diciendo lo que tenemos que hacer. De niños tal vez lo afrontemos con rabietas, rebeliones de adolescente o manipulando a nuestros padres o profesores, pero de adultos aprendemos que no es tan fácil manipular a otros adultos, especialmente a nuestros jefes, de modo que la mayoría aprendemos a abordar estas situaciones con madurez: cambiando aquello que podemos con una actitud persuasiva o aceptando aquellos asuntos que no podemos cambiar. Sin embargo, la persona negativa rechaza o, de lo contrario, no es capaz de aceptar que la controlen. Él o ella lucha de cualquier forma posible, amargando a sus jefes, a sus compañeros y a menudo a sí misma.

Qué no hacer

Sandra, la jefa de Sid, estaba tan frustrada por su negatividad que perdió los estribos y lo amenazó con despedirlo si continuaba con esa actitud. Sid sabía que era poco probable que cumpliera esta amenaza porque era un especialista muy cualificado y no era fácil reemplazarlo. Estas amenazas no sólo no tuvieron ningún efecto, sino que alimentaron la frustración de Sandra. No es una buena idea amenazar a menos que sea viable cumplir lo que decimos.

Phil suele vociferar. Cuando se enfrenta a un trabajador que sigue llevándole la contraria o que discute con él, tiende a pelearse a gritos. Gritar nunca ha convencido a las personas a cambiar de opinión. Alzar la voz cuando discutimos con alguno de nuestros trabajadores, es una mala política, porque en lugar de calmar la situación la agrava todavía más.

Cuando la persona negativa dé excusas necias por no haber realizado el trabajo que supuestamente debía hacer, no debemos desdeñarlo o intentar rebatir con una razón insensata. A estas alturas, razonar sólo hallará más resistencia. Conviene ignorar la excusa y consolidar aquello que debe realizar.

Otra clase de sujeto negativo es el argüidor. Myra es una de ellas. No sólo se opone a cualquier idea nueva, sino que arguye cada uno de los aspectos. Interrumpir sus argumentos es una tarea en vano porque no escucha. Es mejor dejar que se explique antes de hacer algún comentario. Sólo entonces nos prestará atención.

Debemos ser lo suficiente firmes para evitar guardarle ningún rencor. Aunque Sid se oponga a nosotros en muchos aspectos, deberíamos tratarlo como un empleado valioso, y no como alguien indisciplinado. Convertirlo en un paria sólo conseguirá que se oponga más.

Controlar las emociones

Es fácil perder la paciencia con las personas negativas. Sin embargo, no es necesario –aunque sea posible– mostrar desagrado cuando alguien está constantemente desafiándonos. En lugar de pensar: «Ya está otra vez con sus antiguos trucos. No voy a dejar que me manipule», debemos aprender a pensar: «Está expresando sus sentimientos contrarios a la autoridad. No tiene nada que ver con el problema ni conmigo». Si no nos lo tomamos como una ofensa personal, podremos abordar estas situaciones de manera lógica, no emocional.

Fijar pautas comprensibles

Al tratar con personas negativas, en lugar de proporcionar instrucciones específicas, debemos hacer partícipes a los socios, siempre que sea posible, del modo en que se llevará a cabo una tarea y del plazo límite de la misma. Conviene dar las pautas de actuación necesarias sin ambigüedades, pero dejar que los demás determinen qué harán para cumplirlas. Así minimizaremos las polémicas por los detalles y los asuntos triviales. Las personas negativas seguirán hallando cosas que objetar, pero si les damos más control sobre su trabajo, eliminaremos la necesidad de oponerse a cada uno de los aspectos.

Escuchar lo que no dicen

Las personas negativas no dudarán en decirnos lo que están pensando. Sin embargo, ocultarán las cuestiones importantes. Una diatriba sobre algún mal trato percibido puede ser una forma de ocultar su temor a no gustarnos. Con frecuencia, la negatividad es una petición de ayuda. Si ignoramos las áreas que no mencionan en sus quejas, tal vez descubramos el verdadero motivo de su actitud negativa.

Al reaccionar ante tales situaciones, debemos determinar qué podemos decir o hacer en el momento para responder a la verdadera situación y a su sensación de haber recibido un trato injusto. Una respuesta no dogmática ni sentenciosa alentará al socio a revelar más capas emocionales hasta sentirse comprendido. En cuanto eso ocurra, la persona estará más dispuesta a cooperar.

Si creemos que el trabajador teme no agradarnos, después de haber abordado el problema inmediato podemos hacer un comentario sobre alguna buena actuación de la persona y asegurarle nuestro aprecio y respeto.

Construir una buena relación

Los individuos negativos necesitan constantemente que los tranquilicen. Si nos esforzamos abiertamente por construir una buena relación con ellos, tal vez no cambiemos su personalidad, pero podremos tener cierto impacto en su comportamiento.

Debemos hablarles, descubrir todo lo que podamos sobre sus intereses, objetivos y sus verdaderas vidas. Conviene indagar qué es lo que esperan de este trabajo que no estén obteniendo ahora. Si es posible, debemos ofrecerles formación, apoyo e instrucción para ayudarles a superar los problemas y alcanzar sus objetivos.

No es necesario convertirnos en sus amigos, pero es importante que no seamos sus enemigos. Debemos dedicar tiempo a explicarles nuestras decisiones, y también pedirles sus ideas y aportaciones. Podemos hablar con ellos de forma informal sobre asuntos ajenos a la empresa para que así nos consideren seres humanos completos, y no sólo jefes o representantes de la dirección.

Si dedicamos un tiempo a aprender sobre los individuos negativos y a modificar nuestra perspectiva sobre ellos, y en lugar de considerarlos empleados problemáticos los vemos como seres humanos con problemas, veremos cómo se desarrollará una relación más fluida y productiva.

Instaurar disciplina

Una de las tareas más desagradables de un directivo es disciplinar a los socios. Cuando oímos la palabra *disciplina*, ¿cuál es el primer sinónimo que nos viene a la mente? La mayoría de personas dirán el *castigo*. Siempre hemos considerado la disciplina como un medio de castigar a los empleados por transgredir las normas de la empresa o no alcanzar unos niveles de producción. Una palabra estrechamente relacionada con la «disciplina» es «discípulo». Un discípulo es un seguidor, una persona que está ansiosa por aprender de su mentor. Los términos *disciplina* y *discípulo* provienen de la misma raíz del latín, que significa «aprender». Si observáramos nuestras actividades disciplinarias como actividades de aprendizaje en lugar de sancionables, sacaríamos un provecho mucho mayor de la disciplina.

El primer paso en la mayoría de procedimientos disciplinarios es una advertencia oral o verbal, que normalmente adopta la forma de reprimenda. El objetivo de la misma es que el trabajador se dé cuenta de que está actuando de un modo que no se corresponde con lo deseable.

Establecer una buena relación de comunicación

Harry tiene problemas de puntualidad. Aparte de su incapacidad para llegar puntual al trabajo, Harry es un buen trabajador y tiene talentos que podrían ser muy valiosos para la empresa y para su propio crecimiento profesional. Stephanie, su jefa, ha hablado con él sobre su problema y, pese a que le ha prometido ser puntual, aún sigue llegando tarde. La política de empresa impone una amonestación después del tercer retraso, y hoy Harry ha llegado tarde por tercera vez.

Es necesario darle la amonestación tan pronto haya cometido la infracción. Deberíamos hacerlo en privado; *nunca debemos regañar a alguien en presencia de los demás*, porque eso provoca vergüenza y resentimiento, no sólo por parte de la persona que recibe la advertencia, sino también por parte de aquellos que lo presencian.

Stephanie le pide a Harry que vaya a la sala de reuniones. No inicia la reprimenda con una acusación, tal como: «¿Por qué siempre llegas tarde?». Debería hacer que Harry se sienta cómodo, por ejemplo, comenzando con un buen comentario sobre él:

—Harry, este informe que me entregaste la semana pasada fue de mucha utilidad. Pude emplear la información en la reunión del viernes con el comité ejecutivo. Eres un miembro valioso de nuestro equipo.

Como Harry sabe que no le han llamado para hablar de ese informe, Stephanie debería ir al grano rápidamente. Stephanie prosigue:

—Sin embargo, esto es un equipo, Harry, y no podemos funcionar correctamente a menos que todos los miembros sean puntuales.

Luego le pregunta:

—¿Qué puedes hacer para llegar puntual de ahora en adelante?

Cabe advertir que Stephanie no le ha preguntado por qué llega tarde. Esta pregunta abre las puertas a toda clase de excusas. Si nos centramos en las soluciones en lugar de fijarnos en las causas, obtendremos respuestas más provechosas.

Conseguir la versión de nuestro socio

Sin embargo, algunas veces hay circunstancias extenuantes, y si Harry tiene algo que decir, debemos escucharle. Debemos dejar que nos explique toda la historia sin interrumpirle y escuchándole atentamente. Podemos hacerle preguntas sobre lo que ha dicho, pero deberían ser preguntas que nos ayuden a componer toda la historia, no preguntas sarcásticas que desacrediten su versión. En situaciones donde la amonestación ha estado precipitada por problemas más complejos que la puntualidad, lograr el punto de vista del trabajador puede poner de manifiesto factores de los que no éramos conscientes y que podían afectar a nuestra interpretación de la situación. ¡Nunca debemos discutir ni perder los estribos! Es esencial que al amonestar seamos lógicos en vez de emocionales.

Centrarnos siempre en el problema, no en la persona

Como en todas las situaciones que tratan de corregir el comportamiento, debemos centrarnos en el problema, no en la persona. Nunca hay que decir: «Harry, eres un irresponsable». Es mejor decir: «Harry, el retraso de cualquier miembro del equipo ralentiza el trabajo de todos».

No debemos interrumpir. Muchas personas tienden a anticipar lo que va a decir la otra persona, privándole así de la oportunidad para concluir sus ideas. Sacan conclusiones precipitadamente y, con ello, malinterpretan el problema. Aunque estés tentado a interrumpir, no lo hagas. ¡Es mejor esperar! Con frecuencia descubrimos que las cosas no son como hemos creído.

Dar al empleado la oportunidad de resolver la situación

La pregunta que Stephanie le formuló a Harry fue: «¿Qué puedes hacer para llegar puntual de ahora en adelante?». Permitir que Harry llegue a una solución para su propio problema no sólo reafirma la fe del supervisor en el trabajador, sino que también lo alienta a pensar sobre sus problemas y a tomar sus propias decisiones. Las personas están más dispuestas a aplicar las soluciones que ellos mismos sugieren con más compromiso y entusiasmo que aquellas que les imponen.

Hay momentos, especialmente cuando el problema está relacionado con el desempeño laboral, en los que el supervisor debe ser muy específico a la hora de llamar la atención por las deficiencias del trabajador. En tales casos, debemos sugerir las mejoras en términos positivos. En lugar de decir: «Tu trabajo es descuidado», es mucho mejor mostrarle ejemplos específicos de su trabajo que no hayan llegado al nivel requerido y luego preguntarle qué puede hacer para solventar estas deficiencias. Debemos reiterar nuestra confianza en el trabajador y ofrecerle cualquier ayuda que podamos darle.

Cabe recordar que la reprimenda es el primer paso en la disciplina y nuestro objetivo es ayudar al empleado a aprender a ser mejor trabajador.

Terminar con un tono positivo

Cuando Stephanie le pregunta a Harry qué puede hacer para llegar puntual, éste acuerda ponerse el despertador a las 6:00 horas en lugar de a las 6:30 horas para evitar los retrasos ocasionales por el tráfico que han provocado su falta de puntualidad.

Stephanie admite que esta solución debería paliar el problema:

«Harry, confío en que llevarás a cabo este compromiso y a partir de ahora serás puntual. Tu contribución a nuestro equipo es importante, y esto asegurará que no me he equivocado confiando en ti».

En la mayoría de empresas, las amonestaciones se hacen por escrito, de manera que hay un registro permanente de su expedición. La manera de hacerlo varía de una empresa a otra. Es importante que haya una documentación; es esencial seguir la política de la empresa cuando expedimos una amonestación.

Las reprimendas están ideadas para advertir a los trabajadores de situaciones antes de que éstas se conviertan en problemas mayores. Una vez dada una amonestación, deberíamos darle al empleado otra oportunidad para hacerlo bien. No es sensato insistir en una situación que ha sido corregida. Ser persistentes sólo provoca resentimiento y normalmente no soluciona un desempeño poco satisfactorio.

Es de suma importancia que apoyemos a nuestro socio y le proporcionemos ayuda a fin de que pueda superar aquello que precipitó la amonestación. De este modo, fomentaremos que nuestros trabajadores sean personas cooperativas y productivas y que sean valiosas para nuestro departamento.

Período de prueba

Hasta ahora, todos nuestros intentos por corregir la conducta de un socio o su comportamiento han sido positivos, y hemos proporcionado asesoramiento y consejos. Si nada de esto funciona, nuestro siguiente paso será poner a prueba a nuestro socio. Debemos fijar un plazo límite para su adaptación a la situación.

Lo que estamos haciendo es darle más oportunidades para que colabore antes de invocar algún tipo de castigo. La mayoría de personas se toma en serio el período de prueba. Saben que hablamos en serio.

Dos de las principales razones para aplicar una disciplina progresiva son la poca actividad y la mala conducta. Si su rendimiento es un problema, el período de prueba es el último paso antes de concluir.

Si, pese a la recapacitación, los consejos y la formación que damos a un miembro, éste no consigue mejorar, podemos darle la última oportunidad para superar el problema tras el período de prueba. Si eso tampoco funciona, adoptar más pasos disciplinarios no solucionará nada. Es mejor que, si podemos, transfiramos a la persona a otro tipo de trabajo más adecuado para ella. Si no es posible, no tenemos otra elección más que rescindir su contrato.

La forma de aplicar el período de prueba varía considerablemente de una empresa a otra, puesto que están gobernadas por sindicatos, manuales de política de empresa o a veces por normas no escritas (si bien respetadas con anterioridad). Normalmente, la notificación del período de prueba adopta la forma de una declaración escrita, firmada por el supervisor inmediato o por un directivo superior que el empleado conoce. El trabajador se queda con una copia, el supervisor con otra y el departamento de recursos humanos guarda otra copia en sus archivos.

Los períodos de prueba varían de unos diez a treinta días, siendo esto último lo más habitual, e incluso a veces se prolonga más. Si un empleado progresa significativamente, conviene alargar el período de prueba. Si repite la infracción después de esa prolongación, o bien podemos comenzar de nuevo el período de prueba o bien podemos iniciar el siguiente paso.

Cuando una infracción incumple la normativa de la empresa (retrasos, absentismo u otra mala conducta), debemos proceder al siguiente paso, que habitualmente es la suspensión.

Suspensión

El tipo de penalizaciones que podemos aplicar a los empleados está sumamente limitado. Desde que se prohibieron los azotes, sólo es posible aplicar legalmente unos pocos tipos. Habitualmente, el método más utilizado cuando queda poco para despedir al empleado es suspenderlo de sus actividades y de sueldo.

Pese a que los supervisores con frecuencia tienen cierta libertad de acción a la hora de determinar el período de una suspensión, la mayoría de empresas establecen plazos específicos en función de la gravedad de la infracción.

Los mecanismos para iniciar una suspensión son similares a los del período de prueba. Como la suspensión es un paso mucho más serio, con frecuencia los sindicatos exigen una consulta con un representante sindical antes de suspender a un empleado. Las empresas que no tienen sindicatos requieren que la suspensión sea aprobada por el directivo del supervisor intermedio y por el departamento de recursos humanos. Debe proporcionarse la documentación adecuada que especifique el motivo de la suspensión y el período exacto de tiempo que conllevará, firmado por el directivo correspondiente y reconocido por el trabajador suspendido.

El inconveniente de suspender a un socio es que perdemos la contribución de esa persona a las tareas del departamento durante el período de suspensión. Deberíamos esforzarnos al máximo para que la persona siga siendo productiva, proporcionándole formación y asesoramiento para que la suspensión no sea necesaria.

Si un socio regresa de una suspensión y sigue sin atenerse a las normas, el siguiente paso puede ser una suspensión más prolongada o incluso el despido.

Despido

El principal objetivo de la disciplina progresiva es dar una oportunidad al empleado infractor para modificar su comportamiento y llegar a ser un socio productivo y cooperativo. Sólo deberíamos tomar medidas más estrictas después de que las más permisivas no hayan logrado solucionar el problema. El objetivo es ayudar para que la persona no sea despedida. Si el socio no consigue mejorar, sin embargo, deberíamos despedirlo.

Los buenos líderes consideran que el despido de un socio es un fracaso de su propia capacidad de liderazgo. El buen líder minimizará el número de personas despedidas, pero ninguno de nosotros somos perfectos y, pese a todos nuestros mejores esfuerzos, algunos de nuestros socios tal vez no logren alcanzar el nivel y debamos despedirlos. Hemos hecho todo lo que hemos podido por ayudarlo, pero no siempre surtirá efecto y lo que aprendamos de esta experiencia nos convertirá incluso en mejores líderes.

Lo más importante

Cualidades de los directivos excepcionales

Pese a que puedan variar los puntos fuertes y las habilidades individuales, la investigación indica que los directivos excepcionales ven el mundo de maneras similares. Los siguientes aspectos representan las cualidades que con mayor frecuencia se observan en los directivos y los líderes excepcionales:

1. Tienen valores muy arraigados y criterios éticos estrictos.
2. Predican con el ejemplo, actuando con integridad tanto en su vida profesional como en su vida personal.
3. Conocen los objetivos de la empresa y del departamento y se mantienen informados de los cambios.
4. Son personas proactivas y se motivan a sí mismas para lograr resultados.
5. Son buenos comunicadores y excepcionales oyentes.

6. Se ganan la confianza, la credibilidad y el respeto de los demás.
7. Son flexibles cuando trabajan bajo presión y controlan sus emociones.
8. Tienen actitudes positivas. Invitan a los desacuerdos y las disconformidades constructivas y están abiertos a los cambios y las ideas nuevas.
9. Simplifican las ideas, los conceptos y los procesos.
10. Nutren el concepto de equipo y respetan la diversidad.
11. Dedican tiempo a familiarizarse con las aspiraciones de los miembros individuales del equipo y disfrutan motivándolos y ayudándolos a triunfar.
12. Conocen y optimizan los puntos fuertes de los demás.
13. Se responsabilizan a sí mismos y a los demás de los resultados.
14. Son eficientes y administran su tiempo de manera eficaz.
15. Son creativos e innovadores.
16. Exhiben un juicio excelente cuando solucionan problemas, toman decisiones y resuelven conflictos.
17. Están entregados al continuo aprendizaje y a la constante mejora.
18. Consideran la disciplina como un aprendizaje en lugar de un castigo.

Diez errores habituales que cometen los directivos

1. Confían en su posición para ganarse el respeto de los demás.
2. Se contradicen a sí mismos o rompen sus promesas.
3. Se toman personalmente los asuntos relacionados con el trabajo.
4. Tratan igual a todos los empleados en lugar de comprender sus diversas cualidades y los factores motivadores de cada uno.
5. Establecen objetivos sin comprender plenamente los objetivos y las estrategias de la empresa.
6. Olvidan planificar y priorizar los objetivos de su departamento.
7. No logran comunicar claramente los objetivos ni ganarse el consenso de todos.

8. Siguen realizando las tareas que deberían delegar.

9. No actúan con decisión cuando los socios no alcanzan el nivel adecuado.

10. Olvidan mostrar su agradecimiento y satisfacción.

Apéndice A

Sobre Dale Carnegie

Dale Carnegie fue un pionero de lo que ahora se conoce como el movimiento del potencial humano. Sus enseñanzas y libros han ayudado a personas de todo el mundo a tener confianza en sí mismas y a ser agradables e influenciables.

En 1912, Dale Carnegie ofreció su primer curso en una conferencia pública en una YMCA de Nueva York. Como en la mayoría de conferencias públicas de aquella época, Carnegie empezó la charla con una clase teórica, pero pronto se dio cuenta de que los miembros de la clase parecían estar aburridos e inquietos. Tenía que hacer algo.

Dale dejó de hablar y, tranquilamente, señaló a un hombre de la última fila y le pidió que se levantara y hablara de manera improvisada sobre su pasado. Cuando el estudiante terminó, le pidió a otro que hablara de sí mismo, y así hasta que todos los presentes intervinieron. Gracias a los ánimos de sus compañeros de clase y a las orientaciones de Dale Carnegie, cada uno de ellos superó su miedo y pronunció charlas satisfactorias. «Sin saber lo que estaba haciendo, hallé el mejor método para conquistar el miedo», declaró Carnegie posteriormente.

Sus cursos se hicieron tan populares que fue invitado a ofrecerlos en otras ciudades. A medida que transcurrieron los años, mejoró el contenido del curso. Descubrió que los estudiantes estaban interesados sobre todo en aumentar la confianza en ellos mismos, en mejorar sus relaciones interpersonales, en triunfar en sus profesiones y en superar el miedo y la preocupación. A raíz de ello, modificó el curso para tratar sobre estos asuntos en lugar de centrarse en hablar en público. Estas charlas se convirtieron en los medios hacia un fin en vez de una finalidad en sí misma.

Además de lo que aprendió de sus estudiantes, Carnegie participó en una amplia investigación sobre la manera de abordar la vida de hombres y mujeres triunfadores, y lo incorporó en sus clases. Esto le llevó a escribir su libro más famoso, *Cómo ganar amigos e influir sobre las personas*.

Este libro se convirtió de inmediato en un best seller y desde su publicación en 1936 (y su edición revisada en 1981) se han vendido más de veinte millones de copias y se ha traducido a treinta y seis idiomas. En el año 2002, *Cómo ganar amigos e influir sobre las personas* fue elegido el primer Libro de Negocios del siglo XX. En 2008, la revista *Fortune* lo calificó como uno de los siete libros que todo líder debería tener en su biblioteca. Otro libro del autor, *Cómo dejar de preocuparse y empezar a vivir*, escrito en 1948, también ha vendido millones de copias y se ha traducido a veintisiete idiomas.

Dale Carnegie murió el 1 de noviembre de 1955. La necrológica de un periódico de Washington resumió su contribución a la sociedad del siguiente modo: «Dale Carnegie no resolvió ninguno de los misterios profundos del universo pero, quizás, más que nadie de su generación, ayudó a los seres humanos a aprender a relacionarse, y a veces es una de las necesidades más importantes».

Sobre Dale Carnegie & Associates, Inc.

Fundado en 1912, el Curso de Dale Carnegie evolucionó desde la creencia de un hombre en el poder de la autosuperación hasta una empresa de formación, con oficinas en todo el mundo, centrada en la actuación de las personas. Su objetivo es ofrecer a los empresarios la oportunidad de perfeccionar sus habilidades y mejorar su actuación a fin de obtener resultados positivos, firmes y provechosos.

El cúmulo de conocimiento original de Dale Carnegie se ha ido actualizando, ampliando y refinando a lo largo de casi un siglo de experiencias de la vida real. Las ciento sesenta franquicias de Dale Carnegie repartidas por todo el mundo utilizan sus servicios de formación y consulta con empresas de todos los tamaños y de todos los ámbitos para mejorar el aprendizaje y la actuación. El resultado de esta experiencia colectiva y global es una reserva en expansión de la visión de negocios en la que confían nuestros clientes para impulsar sus resultados empresariales.

Con su sede central en Hauppauge, Nueva York, el Curso de Dale Carnegie se halla en los cincuenta estados de Estados Unidos y en otros setenta y cinco países. Más de 2.700 instructores presentan sus programas en más de 25 idiomas. El Curso de Dale Carnegie se dedica a servir a la comunidad de empresarios de todo el mundo. De hecho, aproximadamente siete millones de personas lo han realizado.

El Curso de Dale Carnegie destaca los principios y procesos prácticos mediante el diseño de programas que ofrecen a las personas el conocimiento, las habilidades y la práctica que necesitan para aumentar el valor de sus empresas. Por su fusión de soluciones demostradas con desafíos reales, el Curso de Dale Carnegie es reconocido internacionalmente como la formación líder encargada de sacar lo mejor de las personas.

Entre las personas graduadas en estos programas se encuentran directores de las mayores empresas, propietarios y directivos de empresas de todos los tamaños y de todas las actividades comerciales e industriales, líderes del gobierno e innumerables individuos cuyas vidas han mejorado notablemente a raíz de esta experiencia.

En una encuesta mundial sobre la satisfacción del cliente, el 99 % de los graduados en el Curso de Dale Carnegie están satisfechos con la formación que reciben.

Sobre el editor

Este libro fue compilado y editado por el doctor Arthur R. Pell, que fue asesor de Dale Carnegie & Associates durante veintidós años y fue elegido por la empresa para editar y actualizar el libro *Cómo ganar amigos e influir sobre las personas*. También es el autor de *Enrich Your Life, the Dale Carnegie Way* y escribió y editó *The Human Side*, un artículo mensual de Dale Carnegie que se publicó en 150 revistas comerciales y profesionales.

Es autor de más de cincuenta libros y de cientos de artículos sobre gerencia, relaciones humanas y autosuperación. Además de sus propios escritos, el doctor Pell ha editado y revisado libros clásicos acerca del potencial humano, tales como *Piense y hágase rico,* de Napoleon Hill; *El poder de la mente subconsciente,* de Joseph Murphy; *Como un hombre piensa así es su vida,* de James Allen; *El sentido común,* de Yoritomo Tashi, y obras de Orison Swett Marden, Julia Seton y Wallace D. Wattles.

Apéndice B

Los principios de Dale Carnegie

Ser una persona más amigable

1. No criticar, condenar o quejarse.
2. Demostrar aprecio honesto y sincero.
3. Despertar en la otra persona un deseo impaciente.
4. Estar verdaderamente interesados en los demás.
5. Sonreír.
6. Recordar que el nombre de una persona es para ella el sonido más dulce en cualquier idioma.
7. Saber escuchar. Animar a los demás a hablar de sí mismos.
8. Hablar en términos de los intereses de los demás.
9. Hacer que los demás se sientan importantes, y hacerlo con sinceridad.
10. A fin de sacar lo mejor de una discusión, evítala.
11. Respetar la opinión de los demás. Nunca decirle a una persona que está equivocada.
12. Si uno está equivocado, debe admitirlo rápidamente y con empatía.
13. Empezar de manera amigable.
14. Conseguir que la otra persona nos diga que «sí» inmediatamente.
15. Dejar que los demás hablen más que nosotros.
16. Permitir que la persona sienta que la idea es suya.

17. Intentar honestamente ver las cosas desde el punto de vista de la otra persona.
18. Ser comprensivos con las ideas y los deseos de los demás.
19. Apelar a los motivos más nobles.
20. Escenificar nuestras ideas.
21. Lanzar desafíos.
22. Elogiar y apreciar honestamente.
23. Llamar la atención sobre los errores de los demás indirectamente.
24. Hablar sobre los propios errores antes de criticar a los demás.
25. Preguntar en lugar de dar órdenes.
26. Permitir que la otra persona salve las apariencias.
27. Elogiar siempre cualquier mínima mejora. Ser «calurosos con nuestra aprobación y generosos con los elogios».
28. Ofrecer a la otra persona una buena reputación a la que aspirar.
29. Dar ánimos. Hacer que los defectos parezcan fáciles de corregir.
30. Lograr que los demás estén contentos de hacer lo que les pedimos.

Principios fundamentales para superar la preocupación

1. Vivir en «compartimentos estancos al día».
2. Cómo enfrentarse a los problemas:
   - Preguntarse: «¿qué es lo peor que me podría ocurrir?».
   - Prepararse para aceptar lo peor.
   - Tratar de mejorar lo peor.
3. Recordarse a uno mismo el precio desorbitante que se puede pagar por la preocupación en términos de salud.

Técnicas básicas para analizar la preocupación

1. Conseguir todos los datos.
2. Sopesarlos y tomar una decisión.

3. Una vez tomada la decisión, actuar.

4. Anotar y responder las siguientes preguntas:
   - ¿Cuál es el problema?
   - ¿Cuáles son las causas del problema?
   - ¿Cuáles son las posibles soluciones?
   - ¿Cuál es la mejor solución posible?

5. Acabar con el hábito de preocuparse antes de que éste acabe con nosotros.

6. Mantenerse ocupado.

7. No preocuparse por pequeñeces.

8. Usar la ley de la probabilidad para eliminar nuestras preocupaciones.

9. Cooperar con lo inevitable.

10. Decidir cuánta ansiedad merece una cosa y negarse a darle más.

11. No preocuparse por el pasado.

12. Cultivar una actitud mental que nos aporte paz y felicidad.

13. Llenar nuestra mente de pensamientos de paz, coraje, salud y esperanza.

14. Nunca intentar vengarnos de nuestros enemigos.

15. Esperar ingratitud.

16. Hacer un recuento de nuestras ventajas, no de nuestros problemas.

17. No imitar a los demás.

18. Intentar beneficiarse de las propias pérdidas.

19. Hacer felices a los demás.

Índice